民间图像中的中国民俗丛书

中国精神

——民间图像中的信仰幻影

沈 泓 著

中国财富出版社

图书在版编目（CIP）数据

中国精神：民间图像中的信仰幻影 / 沈泓著. —北京：中国财富出版社，2013.1
（民间图像中的中国民俗丛书）
ISBN 978－7－5047－4348－0

Ⅰ.①中… Ⅱ.①沈… Ⅲ.①信仰－民间文化－研究－中国 Ⅳ.①B933

中国版本图书馆CIP数据核字（2012）第152236号

策划编辑	李慧智		**责任印制**	方朋远	
责任编辑	张彩霞		**责任校对**	孙会香	杨小静

出版发行	中国财富出版社（原中国物资出版社）	
社　　址	北京市丰台区南四环西路188号5区20楼	**邮政编码**：100070
电　　话	010－52227568（发行部）	010－52227588转307（总编室）
	010－68589540（读者服务部）	010－52227588转305（质检部）
网　　址	http://www.clph.cn	
经　　销	新华书店	
印　　刷	北京京都六环印刷厂	
书　　号	ISBN 978－7－5047－4348－0/B·0431	
开　　本	710mm×1000mm　1/16	**版　　次** 2013年1月第1版
印　　张	15	**印　　次** 2013年1月第1次印刷
字　　数	261千字	**定　　价** 59.00元

前言

　　精神似乎是一种虚拟的东西，看不见摸不着，然而，中国古人目光所及，看到的一切东西，都似乎具有精神的存在。

　　这就是中国人精神的神奇和神秘之处。寻之不见，觅之不得，却无处不在，如大象无形、大音稀声、大辩无言、大巧若拙，其实不是无形稀声，也不是无言若拙，在无形稀声、无言若拙中，寓有更高的精神境界。

　　可见，所谓精神，是一种境界，它与物质相对，与客观实在相对，与功利相对，与世俗相对，它又寄寓于物质而存在，由物质和客观实在所折射，并超越世俗生活，指导人生行为。精神包括情感、心理、意识、观念、理想、道德、品性和人格等，它凝聚在宗教上，集中体现在人生信念、信仰上，它无处不在。

　　古代中国人的精神特征集中体现在两个方面，一个是儒家的入世精神，一个是道家的神仙信仰。一个是务实的，一个是虚幻的，这两个截然不同的精神层面，恰恰表现了中国人精神的矛盾和人格的分裂。

　　中国人的精神首先体现在古代神像中，神像绘画和艺术是中国人的精神载体，将看不见摸不着的古人精神形象化和具体化了。

　　神像是中国古人的精神映照，也是中国人的精神之源，本书描述的中国人的精神正是从神的角度切入的。与神相对应的还有鬼，鬼出自地狱。这是中国人精神的另一个侧面，也是另一个聚焦点。

　　神是古人的一种精神现象，是精神幻觉中的偶像。一方面，神是古人无助中编织出来的美梦，是古人自卑、盲从和麻木中的慰藉；另一方面，神又寄寓了古人善良的愿望，体现了古人纯真的心理，

▶ 药师菩萨·民国·孤品

▶门神马赵元帅·民国·孤品

朴素的情感，具有净化古人情感、升华古人精神的美好一面。

民间信仰中的神的数量是惊人的，仅仅《封神榜》和《西游记》中包罗的神就超过千个。就是一个普通的小村庄，民众信仰的神也可达数十个之多。正如梁漱溟在《中国文化要义》中说：中国古代民间信仰的鬼神风气很盛，人们"于圣贤神仙各种偶像，不分彼此，一律崇拜"。

中国民间的神仙信仰有一个突出特点就是带有很强的功利色彩，或求财，或求子，或求福，或求官，或求长寿，或求快乐，大多带着明确的功利目的和物质欲望。既有功利主义精神，又有浪漫主义精神和理想主义精神，这是中国古人的精神特点。

无论幻觉也罢，美梦也罢，麻木也罢，偶像也罢，我们谈中国人的精神，特别是谈古代中国人的精神，是不能回避神的。精神，从先民造字组词的心理可以看出古人对"精神"二字的微妙取向，精是形容词，神是名词，两者不是延伸关系，也不是并列关系；精是修饰神和描绘神的，神是落脚点，神是主体。不研究神，就不能理解神采、神韵、神话、神化、神乎其神等汉语言中这些代表高评价高品位的常用语。

要洞悉中国人的精神，必须走进中国古人的精神；要走进中国古人的精神，必须研究和了解中国古代诸神。在没有纯粹意义上的宗教的国度，神不仅是古人组词"精神"的灵魂，还是古人的宗教，是古人如何生活的精神指南，也是古人活着的精神支柱。

尽管精神是一种看似虚无缥缈的东西，但它对于人类确实十分重要，是人与兽、人性与兽性区别的关键。如果说生存需求是人类的第一需求，那么精神需求则是人类的第二需求。在人类满足了生存条件的情况下，精神需求会转化为人类的第一需求。如今国富民安，生存需求不再存在问题，所以精神需求已成为大多当代中国人的第一需求。

随着社会的发展，科学的进步，神仙思想在现代人的心目中已经失去了原有的光彩，但是，代代相传的民间年画和民俗艺术造型，却是古人精神世界的生动写照，是传统文化的结晶。如今，古代年画、纸马、水陆画中的神像传递着当时的社会信息，反映着当时的民俗民情，成为可贵的形象史料和难得的艺术珍品，为收藏家和研究者所重视。

这10多年来，笔者为探究民间图像中的中国人的精神世界，践行古人提倡的"读万卷书，行万里路"，遍访全国多个省市，走进穷乡僻壤、深山大川，寻找古代各个民间年画产地的年画、纸马以及佛道释的民间水陆画、宗教画等。

本书就是笔者收藏研究的结晶，其中近200幅明清和民国时期的民间年画、水陆画等是绝世仅存的孤品，为笔者收藏并首次披露。走进中国古代神像世界，对于已经模糊和淡忘这些神像的现代人，有助于走进中国人的精神世界深处，了解中华文化的奥妙无穷和博大精深，知道我们的精神之根脉所在。

▶门神马赵元帅·民国·孤品

从这些代代相传的民间图像中，笔者试图观察洞悉中国古人精神世界的面貌，触摸感受中国古人精神领域跃动的脉搏。愿这观察和感受的愉悦，通过本书中的古老图像和文字，传递给所有阅读本书的读者，愿本书带你走进古人深邃、幽秘、玄远而奇妙的精神世界。

沈 泓

2012年3月23日于东悦名轩

注：本书中的民间年画、水陆画、纸马等全部选自笔者多年收藏的藏品原作真迹，作者拍摄。

目录
Contents

目录 Contents

第一章

龙：中国人的精神图腾

应龙未遇风云起，仰活泥沙数尺水。
彼能坐致千里泽，可怜一掬何难致。
时哉未遇可奈何，一掬虽微安敢易。
谁能寄语潭中鱼，相聚须臾莫相忌。
——北宋 张耒《应龙》

如果说中国文化博大精深，那么龙文化堪称是中国传统文化之根；如果说海峡两岸仍有隔阂，那么只要说一句"我们都是龙的传人"，两岸的同胞之情会瞬间激发甚至热泪盈眶；如果在世界华人圈中寻找一种最有凝聚力的动物，这种动物无疑就是龙。

龙作为中国人一种独特的精神凝聚和文化积淀，已扎根和深藏于我们每个人的潜意识里，不但日常生活、生老病死几乎都打上了龙文化的烙印，而且龙文化的视角、龙文化的审美意识也已渗透到了我国社会文化的各个领域、各个方面。

14万年前人类的精神需求

龙图腾的诞生与远古人类的精神需求的出现密切相关，远古人类的精神需求造就了龙图腾，而龙图腾又丰富和发展了远古人类的精神需求。

▶灵宝天尊（三清之一）·明清·孤品·
神像周围七龙环绕

不仅当代中国人是为了精神追求而活着，早在14万年前的远古时代，中国人就有了精神需求。据央视国际2003年4月7日报道，在对重庆奉节的14万年前古人类遗址文物的考证中，专家发现奉节出土的剑齿象牙刻、石鸮都有早期人类模仿自然人为加工的痕迹，它反映出生活在这里的我国古人类已经有了精神需求。

在对石鸮的鉴定中，专家们发现了具有鸟类形象的标本，在其尖端一侧有明显的人工打击痕迹，其好像眼睛的孔洞近似方形，周围也有打击疤痕。从眼的周围来看，它是有棱有角的，显然不是滴水形成的，而是外力造成。

在我国的考古遗址中，曾多次发现过鸮

的形象，最早的记录是5000年前仰韶文化遗址发现的陶制鸮鼎。而奉节石鸮的发现，说明人类在10多万年前就已经开始模仿动物形象了。

▶七龙神像之上龙

在对剑齿象牙刻的鉴定中，专家们认为刻纹的线条直而深，曲形纹弧度大，应是人工刻画的，蹭得有规律，一排一排特别清晰。

对比出土的世界上最早的刻画艺术品，奉节出土的14万年前剑齿象牙刻是单线条的，南非出土的7万多年前赭石刻画是多线条的，而西伯利亚出土的2万多年前猛犸雕像已经有了完整的形象。这是符合艺术演化规律的。它将把人类刻画艺术的萌芽时期大大向前推进。

中科院古脊椎动物与古人类研究所研究员盖培说："过去我们认为人类精神需要，就是说精神文明出现得很晚，距今只有1万多年，可是随着我们对旧石器时代遗址里面各种遗物的研究，我们知道在50万年前人类就有了精神上的需要。这次的发现，初步地说这是人为的作品，我们中国在10～20万年前肯定会出现精神需要的产物。"

从某种角度而言，远古人类留下来的一切文物，都是精神的产物，它寄托于物质实在而存在。所以，古人留下的文物，特别是古代艺术品，如龙图腾艺术品，已经成为我们考察中国古代人精神面貌的珍贵史料。

▶七龙神像之右龙

▶七龙神像之左龙

龙的形状

龙的形象是虚拟的，在实际

▶ 龙头·云南腾冲纸马

生活中并不存在，可以说是无中生有。

"龙"的形状到底是什么样子的，谁也没有见到过，我们只能从古代绘画和艺术品中看到龙的形象。在商周的甲骨文、金文中有生动的象形字和见龙、祭龙的记录，商周时代铜器上的"蟠龙"，头有角、蛇身、鹰足，在先秦的青铜礼器中也有栩栩如生的造型，为马面蛇身的形态，可以说从有文字以来就有对龙的记载和崇拜。

"龙"本是想象中的动物形象，它的形象也是经过千百年来不断演变而形成的。古书记载黄帝是"人首蛇身"，炎帝是"人身牛首"的传说。

在我国古代书籍中有大量的有关龙的记载，自古以来众说纷纭。

《说文解字》称："龙，鳞虫之长，能幽能明，能细能巨，能短能长，春分而登天，秋分而潜渊。"

《说文解字》中说"龙"是鳞虫之长，能细能巨，能长能短。这里对"龙"进行解释的同时，也描述了龙的形象和神奇，这是造字者对龙充满敬畏心理的反映。

《北大荒经》："章尾山有神，人面蛇身而赤，直目正乘，具瞑乃晦，其视乃明，不食不寝，不息风雨，是谓之龙。"这里可见很早就把龙当做有灵气的神物。

从古人的各种描绘中，可以看出，龙的造型是牛的耳，鹿的脚，虎的掌，鹰的爪，蛇的体，鱼鳞身，口中还吐出须。它可以在天上飞，陆上跑，水中游，可以说海陆空的功能都集于一身。

汉武梁祠中龙的画像，则是人头蛇身。到了明朝，龙的形象基本

▶ 龙身·云南腾冲纸马

上和我们今天所见的"龙"一模一样了，那就是鹿角、虎眼、鹰爪、鱼鳞、蛇身、牛耳。

李时珍在《本草纲目》中说："龙有九似：头似蛇、角似鹿、眼似兔、耳似牛……"龙被想象成为一身具备各种动物之所长，成了一种神异之物。

现实中，这种动物在中国找不到，世界上也没有。

▶ 龙尾·云南腾冲纸马

古人对龙的解释

一种虚拟的东西，被描绘得神乎其神，这就是说它有存在的价值，这种价值是精神的。那么龙到底代表着什么呢？

《疏引正义》说"龙为岁星，岁星木也，木为青龙"，又说"天宫东方之星，尽为苍龙之宿"。龙王就是龙属之王，对其眷属而称王也。所以《大云请雨经》上说："有一百八十五龙王，为兴风致雨之神。"

▶ 龙图·湖南隆回纸马

中国传统文化中的各种流派，对龙的解释、研究和附会，更是仁者见仁，智者见智。

龙，被儒家奉为"仁兽"，作为帝王之象。

道家的经典《抱朴子》记载，太上老君凭借青龙，上天入地，穿山涉水，龙是神仙的助手。

佛教传入中国带来龙王、龙宫的传说，丰富了本土的龙信仰。传说中的四海龙王有东海敖广、南海敖钦、北海敖顺、

▶ 龙神·云南潞西纸马

西海敖闰。

又有文献记载，观音菩萨的坐骑即为"朝天吼"，也被称为龙子。

看了这些记载，我们还是对龙到底是什么样子没有明确概念，但我们都知道，在中国传统文化中，龙在古代中国人的信仰中是最神异的灵兽。它那突兀不凡、横空出世的气势，恢奇谲怪、玄奥莫测的威力，对炎黄子孙世世代代有着永远的吸引力。

龙是权势、高贵、尊荣的象征，又是幸运和成功的标志。龙是中国人的精神图腾。

龙是中国人的精神图腾

龙在中国与天地世间万事万物都有联系。龙是华夏神州远古的图腾，今天，雕龙画凤仍是建筑上常见的图案，只要你是中国人，无论你走多远，在台湾、在海外，到处都可以听到"永永远远是龙的传人"的歌唱。

我们的祖先自有图腾崇拜以后，龙就成为最早的崇拜偶像。

龙创生在原始人的图腾崇拜中，古人崇尚万物有灵的信仰，确信自己是某一生灵的后代，并以这一生灵为自己氏族的图腾，以与其他氏族相区别，这种带有群体性、识别性的生灵崇拜，是氏族社会普遍存在的原始宗教信仰。

中国人被称为"龙的传人"，以龙为祖，唯龙是尊，龙成为中华民族的精神象征。

▶ 四海龙王·西山海口总督龙王·云南昆明纸马

在我国的内蒙古、甘肃、辽宁等北方地区，先后出现了陶器的龙花纹和玉龙。伏羲的形象在古籍中的记载很多，这些记载的共同点就是指出伏羲氏是蛇身或龙身，人首或人面。

在内蒙的红山文化遗址中，发掘出5000年前雕琢的大型玉龙。

甘肃甘谷西坪彩绘人面鲵鱼纹、内蒙古翁牛特旗的玉雕龙等图形，虽然头部有别，但其主体均是蛇身或龙身。

上世纪八十年代在河南濮阳西水坡发现6000年前用蚌壳精心摆塑的蚌壳龙图案，那昂首、曲颈、弓身、飞腾的姿态，获得"华夏第一龙"的称誉。

20世纪九十年代在辽宁兴隆洼又发掘出七八千年以前用石块堆塑成龙形的遗址，与此毗连的是许多墓葬和祭祀坑，表现出人与龙生死相依的亲密关系。

从这些遗迹可以推知，这种能上天入海、威力无边的造型，几乎与中华文化一样古老，仅仅用实物可资证明的这一崇拜，在中国至少已有八千年的历史。

▶ 五龙神像·明清·孤品

▶ 五龙神像右龙

▶ 五龙神像左龙

不论是考古的、文献的、口耳相传的，种种资料都反映在中国的许多地区有相似的龙崇拜。

龙成为中国人的精神图腾，具有特殊的文化象征意义，与传说及神话中龙在天则腾云驾雾、下海则追波逐浪、在人间则呼风唤雨的无比神通有很大的关系。

▶癫龙之神·云南巍山纸马

龙 的 精 神 概 括

龙文化的核心其实就是龙的精神，这从当今一些文章的标题就可以看出。如《彰显龙精神弘扬龙文化》《龙的传人与龙的精神》等以龙的精神为题的论文比比皆是。

龙是中华民族的精神象征。龙的精神表现在如下方面。

第一是海纳百川兼容并蓄的精神

龙的兼容并蓄精神正如闻一多所说，龙是"一种虚拟的生物，因为它是由许多不同的图腾糅合成的一种综合体"。

龙的兼容并蓄精神体现在两个方面。一方面是指以龙为图腾的不同氏族的图腾会聚在一起，另一方面是指龙形象本身的兼容并蓄。

当不同氏族的图腾标志走向联合的时候，这些标志也相互融合，逐渐形成了多种图腾的统一，这重新组合统一的新形象就是"龙"。

龙是多元相容的一大创造，龙的本身不仅兼容了多种飞禽走兽的形态和功能，连龙的后代也是多元相容的。龙生九子，同胞兄弟爱好各不相同，但龙族都能容纳。

中国社会科学院近代史所研究员、著名学者刘志琴专门撰写一文《兼容与综合——龙文化的主体精神》，提出："兼容与综合是龙文化的主体精神，也是中国文化的原创精神。"

兼容与综合使龙的形象无

▶龙王·年画粉本·清·孤本

▶非虎·云南弥渡纸马

所不包，展现的是无所不能的威力。神话传说它能呼风唤雨、行云拨雾，吹一口气就是风，哼一声就打雷，睁一睁眼是白天，眼一闭就成黑夜，达到了宗教的境界。

▶ 龙鱼吉祥图·江苏徐州汉画像石拓片

▶ 双龙腾飞·河南永城汉画像石拓片

第二是异型同构团结统一的精神

把各个民族祖先的动物"图腾"，如牛、虎、鹿、鹰、蛇、鱼等不同形状的图腾结合起来，构成一个综合体的动物图案，实际上就是把一个多民族的国家团结统一起来。龙的形象仿佛成为一个民族大家庭。所以龙体现了求团结、求统

▶ 龙凤仙人接仙丹·江苏徐州汉画像石拓片

一，是中华民族大家庭里每一个成员的共同愿望。

▶ 龙飞凤舞建鼓出游·山东滕州汉画像石拓片

第三是善于变革创新求变的精神

《三坟书·连山易》云："龙善变化，能致云雨，为君物也。"所以龙之能成为"君物"，主要就是"善变"。

王安石的《龙赋》中写得很清楚："龙之为物，能合能散，能潜能见，能弱能强，能微能章。"

中华民族千百年来之所以能不断地发展，不断地演进，就是因为其有一种适应世界潮流的"善变"精神。历史的经验告诉我们，凡是墨守成规、故步自封的人，终将被汹涌澎湃的时代潮流所淹没。

▶龙飞凤舞局部

第四是奋发图强击浪弄潮的精神

龙的形象奇伟,其风貌英姿就足以令人精神振奋。我们所看见的许多龙的图像,都是腾飞奔放的,有时是千顷波涛,龙在击浪弄潮;有时是长空万里,龙在腾云驾雾;也有时是奇峰怪石,龙在翻山越岭。

总之,龙能上天,能下海,能上山。"龙"的发奋图强精神,千百年来激励着中华民族前进。

第五是出类拔萃争当第一的精神

龙代表出类拔萃争当第一的精神。它象征着出人头地、不同凡响,古代把那些贤人高士也称为龙。龙是神物,非凡人可比,所以人们常常又把那些志向高洁、行为不俗,很有能耐、出息和成就的人称为龙。凡是有品德、有才识,或者精工书文,或者为官清廉,或者行为举止出众的人,都可以比做龙。

第六是平民品格平凡亲和的精神

龙的皇权化和贵族化并没有消解它的平民性。龙是一代俊杰的美称,诸葛亮出山前自称卧龙,藏龙卧虎;龙是君子的别称,屈原吟《离骚》"虬龙鸾凤,以托君子"。高才俊逸的风度被奉为"龙章凤彩";雄劲刚健的美文雅称

▶龙虎羊吉祥图·河南永城汉画像石拓片

▶虎戏龙图·山东苍山汉画像石拓片

▶双龙图·江苏徐州汉画像石拓片

▶龙戏虎尾图·山东苍山汉画像石拓片

为"龙文"；科举会试中选荣称登上
"龙虎榜"；"望子成龙"更是天下
父母的普遍心态。

由此可见，龙是不凡的又是平凡
的，作为平凡的龙，成为十二生肖中
的一种，且并未居首位，按概率学，
以龙为本命年的人占中国人的十二分之一。

百家姓中的龙姓，也不乏有市井人家。一些地名以龙命名的也为数不少。

有的勤务、打杂的低层职业也与龙挂钩，称为"跑龙套"。在南方水上居
民又称为"龙户"，古书记载说："昔时称为龙户者，以其入水辄绣面纹身，以
象蛟龙之子。"

江南农民遮雨用的蓑衣，称为"龙具"。古代妇女用黑子点面的化装术
称"龙的"。至于以龙命名的草木瓜果，菜蔬药材，如乌龙茶、龙舌草、龙血
树、龙爪槐、龙爪花、龙涎香、龙眼等屡见不鲜。

各种以龙为主题的庙会、祭堂、仪式、戏曲、话本、吉祥物更是举不胜
举，种种迹象充分显示了龙在平民中的亲和性。

龙之所以流传至今，不是靠它高高在上的皇权象征，而是靠它平民品格中
的亲和精神。因为只有广大民众接受认可，有了广泛的群众基础，龙才能矗立
在坚实的神州大地上，才能成为中国人的精神象征。

龙是虚幻之物，中国人像模像样地将一虚幻之物弄得像真的一样，又体现
了一种精神，说是魔术精神也罢，说是神话精神也罢，都可见中国人的精神往
往体现在遥不可及之处，反而离现实生活最近的地方，精神淡化。这说明了中
国人表现出功利主义倾向的同时，也富有理想主义精神和浪漫主义精神。

第二章

关公：忠义信精神的象征

儒称圣，释称佛，道称天尊，三教尽皈依。武詹庙貌长新，无人不肃然起敬；汉封侯，宋封王，明封大帝，历朝加尊号。刻是神功卓著，真所谓荡乎难名。

——清代关庙对联

史策几千年未有，上继文宣大圣，下开武穆孤忠，浩气长存，树终古彝伦师表，地方数百里之间，西连汉寿旧封，东接益阳故垒，英风宛在，想当年戎马关山。

——左宗棠撰常德关庙对联

不谢东君意，丹青独立名；莫嫌孤叶淡，终久不凋零。

——武强民间年画《关帝诗竹》上的诗

忠义信，是中国人的精神中最突出的人格追求，是中国儒家文化最显著的亮点。

如果说传统文化中有一些糟粕，那么忠义信则是传统文化中永远不可磨灭的精华（尽管愚忠是需要批判的，但忠人之事、待友以忠仍是值得歌颂的），忠义信成为中国人的最高道德准则，这一精神亮点照耀着中华历史，也造就了一个至高无上的人物形象——关公。

中华民族精神是全体中国人普遍认同的主导思想，是中华民族卓越文化素质的表现，包括重德精神、务实精神、宽容精神和爱国精神等，如张岱年所说：中华民族精神就是"自强不息""厚德载物"。

关公的"忠"是以国家统一为前提的思维定式，没有他尊崇不二的"汉室"，就不可能有对先主的耿耿精忠。"忠"是关公精神的核心，"仁"是关公精神的精髓，关公的为人实践正是履行了"舍生而取义"的最高行为准则。"仁"是关公信仰文化的道德外境，是其忠义精神的理性升华。

关公的生平实践正是中华民族以仁为本、以和为贵、诚信取胜、宽容爱人、献身报国精神的体现，这些都是关公文化最具生命力和辐射力，传承不衰的文化基因。

▶ 关公夜读春秋·福建漳州年画

关公忠义信的一生

关公是东汉末年刘备麾下的著名将领，汉寿亭侯，谥曰"壮缪侯"。在《三国演义》中被描述为五虎上将之首，与刘备、张飞桃园结义。死后因其忠义信受民间推崇，其忠义信更是受到历代朝廷的褒封，是历史上罕见的被官和民同时高度认可的人物，被人们奉为关圣帝君，佛教称为伽蓝菩萨，尊称为"关公"。被后来的统治者崇为"武圣"，与"文圣"孔子齐名。他因《三国演义》而家喻户晓，成为明清年画中的重要题材，其形象传遍神州深入人心。

关羽的出身情况史料上没有翔实记载，清初康熙年间，解州守王朱旦在浚修古井的时候，发掘出关羽的墓砖。上面刻有关羽祖、父两世的表字、生卒年月等，资料比较详细，还略有提到关羽的家庭状况。他因此写了《关侯祖墓碑记》。从此关公的身世大白于天下。

据墓砖上文字记载，关氏家其实是个文人世家。关羽祖父叫关审，字问之。汉和帝永元二年庚寅生，居住在解州（今山西解州镇）常平村宝池里。记载说他"冲穆好道"，常以《易》、《春秋》训其子，于桓帝永寿二年丁酉卒，年六十八。

羽父关毅，字道远，性至孝，父审卒后，在墓上结庐守丧三年，除丧，于桓帝延熹三年（公元160年）庚子六月二十四日生关羽。关羽长成后娶胡氏为妇，灵帝光和元年戊午（公元178年）五月十三日生子关兴。

从《三国志》和《三国演义》中，我们可以看到，关羽早年的历史似乎有些污点，镇压过农民起义。当时，他在涿郡（今河北涿州）遇上东汉政府动员各地豪强地主组织武装，共同镇压黄巾起义。就在涿郡，他结识了当地正在聚

▶ 义勇关公·山东高密年画·吕清溪绘

▶ 桃园三结义·山东高密年画·吕清溪绘

▶桃园三结义·江苏桃花坞年画

▶千里走单骑·山东高密年画·吕清溪绘

众起兵的刘备。

刘备自称是西汉景帝子中山靖王刘胜的后代，因此关羽十分崇拜，和张飞一起，三人志同道合，一见倾心，亲如兄弟。传说刘、关、张三人曾在桃园结义，《三国演义》中有他们的誓词："虽然异姓，既结为兄弟，则同心协力，救困扶危；上报国家，下安黎庶，不求同年同月同日生，只愿同年同月同日死。"

这次结拜奠定了关公一生忠义信的基调。此后，关羽始终忠心耿耿地追随刘备，《三国志·蜀书·关羽传》用16个字描绘，"随其周旋，不避艰险"，"寝则同床，恩若兄弟"，尽显其忠。

刘备起兵参与镇压黄巾起义，屡屡告捷，关羽立了大功，黄巾军天公将军张角追击董卓时，关羽和张飞带领一支人马，突如其来地向黄巾军横杀过去，救了董卓。刘备后来投奔幽州军阀公孙瓒，因屡立战功升任平原相，关羽和张飞担任了别部司马，分统部曲。

刘备后来被吕布打败，投靠了曹操。曹操在奉迎汉献帝迁都许昌后，独掌军政大权，总揽朝政，曹操表举刘备为左将军，拜关羽为中郎将（次于将军的武官）。时车骑将军董承接受皇帝衣带诏，与刘备及长水校尉种辑、将军吴子兰、王子服等，密谋除掉曹操。

刘备恐曹操猜忌，脱离了曹操控

制。刘备杀死徐州刺史车胄，以关羽代理下邳（今江苏睢宁西北）太守，自屯兵小沛，招兵买马，扩充实力，很快发展至数万人，又派使者与袁绍媾结联盟，形成对曹操的严重威胁。

车骑将军董承等企图刺杀曹操的计划泄露后，曹操亲自征讨刘备，迫降了关羽。曹操赞赏关羽为人，拜其为偏将军，礼遇甚厚。不久觉察关羽心神不定，无久留之意，便对与关羽关系甚好的张辽说："卿试以情问之。"

张辽去问关羽，关羽叹息道："吾极知曹公待我厚，然吾受刘将军厚恩，誓以共死，不可背之。吾终不留，吾要当立效以报曹公乃去。"（《三国志·蜀书·关羽传》）张辽将关羽的这番话转告曹操，曹操闻后，不但没有怨恨关羽，反而认为他有仁有义，更加器重他。

官渡之战，冀州牧袁绍征伐曹操，派大将颜良进围白马，曹操派张辽、关羽为先锋，率部进击。关羽跃马阵前，远远望见颜良麾盖，直冲过去，在万众之中刺死颜良，斩其首级而归，袁绍诸将"莫能当者"（《三国志·蜀书·关羽传》），遂解白马之围。《斩颜良》成为关羽戏曲中的名剧。

曹操备赞关羽的勇武，对他重加赏赐，封他为汉寿亭侯（汉寿，地名；亭侯，侯爵名）。关羽斩杀颜良后，曹操

▶斩颜良·山东高密年画·吕清溪绘

▶门神关公·湖南滩头年画·李咸陆出品

▶门神关公·湖南滩头年画·李咸陆出品

知其必去，遂重加赏赐。关羽把曹操屡次给他的赏赐都封存妥当，把汉寿亭侯的印绶挂在堂上，给曹操写了封告辞信，保护着刘备的家小，离开曹营，到袁绍军中寻找刘备。

曹操将士闻知后，要去追赶，曹操劝阻说："彼各为其主，勿追也。"（《三国志·蜀书六·关羽传》）

从关羽被擒到他立功报曹、重新投奔刘备，这段经历始终口耳相传，流行播衍。到《三国演义》，则形成了一个花团锦簇、精彩纷呈的故事单元，包括关公屯土山约三事（降汉不降曹；礼待二嫂；一旦得知刘备下落，便当辞去）；曹操厚待关羽，三日一小宴，五日一大宴；曹操赠袍，关羽穿于衣底，上用刘备所赐旧袍罩之，不敢以新忘旧；曹操赠赤兔马，关羽拜谢，以为乘此马，可一日而见刘备；关公斩颜良；关公挂印封金；古城兄弟相会等。

这每一个故事和细节，都是忠义信的动人传说，在中国，很少有人不知道这些故事的。

建安六年（公元201年）秋，曹操统军进击刘备于汝南。九月，关羽随刘备投靠荆州牧刘表，刘备礼聘人才，"三顾茅庐"，请来了诸葛亮。

忠义为先的关羽和张飞看到刘备和诸葛亮关系日益密切，心中不悦。刘备察觉以后，就严厉批评他和张飞说："孤之有孔明，犹鱼之有水也。愿诸君勿复言。"（《三国志·蜀书·诸葛亮传》）关羽和张飞就再也不表示反对了。

建安十三年（公元208年），曹操亲率大军南征刘表。刘备为避开曹军锋芒，便撤离樊城，向江陵（今湖北江陵）退去，到当阳长阪坡，被兼程追来的曹操骑兵打得大败，关羽率水军前去接应，保护刘备退到了夏口。

孙刘联军在赤壁（今蒲圻县西北）大破曹操。关羽所率的一万精锐水军是刘备的主力，在这场战役中起了重要作用。后人为突出关羽"全交重义"的特点，演绎出了他在华容道上义释曹操的细节，至今脍炙人口。

赤壁之战后，刘备乘机攻占了武陵、长沙、桂阳、零陵四郡（都在今湖南境内），刘备得了四郡，加上孙权借给他的南郡，终于在荆州站住了脚。然后刘备封拜元勋。关羽被任命为襄阳太守、荡寇将军，镇守荆州。

建安十六年（公元211年）十二月，刘备带兵入巴蜀，取益州，关羽留守荆州。益州既平，关羽得赐金五百斤、银千斤、钱五千万、锦千匹。

所谓"借荆州"，就是孙权将自己占据的南郡南部借给刘备。刘备取得益州的第二年（公元215年），孙权便派诸葛瑾为使去跟刘备商量，要求把荆州南部的几个郡归还东吴。刘备托辞拒绝，孙权就派去一批官吏，接收长沙、零陵、桂阳三个郡。关羽坚决不让，将孙权派来的官吏全部轰了回去。

孙权一怒，马上派吕蒙率领两万兵马用武力接收这三个郡。孙刘两家正在争夺荆州，此时，刘备闻曹操攻下了汉中，急忙和孙权平分荆州，抵抗曹操。在此同时，关羽设宴招鲁肃赴宴，想商议荆州之事，但被鲁肃指责。

赤壁之战后，据守荆州的关羽名为"襄阳太守"，而荆州的襄阳、樊城等重镇还控制在曹操手中。关羽于心不甘，一直虎视襄、樊。

关公之死

关公之死，死在襄樊之战，死在他"威震华夏"名声登峰造极达到顶峰的时候。

建安二十四年（公元219年），刘备在汉中大败曹兵，曹操不得不退出汉中。在文武官员的拥戴下，刘备自立为汉中王。任命关羽为前将军，假节钺。

镇守荆州的关羽，抓住战机，自率主力北攻荆襄。樊城之战开始后，曹操又派左将军于禁、立义将军庞德前往助守，屯驻于樊城以北。时值八月，连降大雨，汉水暴涨，于禁七军均被水淹，只得率少数将士避到高阜之处。关羽乘战船猛攻，于禁欲退无路，被迫投降。

庞德率的一部继续誓死奋战，从早晨一直战到中午，箭尽矢竭，就短兵相接。将士有的战死，有的投降。

关羽乘胜围攻樊城，并以一部兵力包围襄阳。樊城守军仅数千人，城墙因水淹多处崩塌，曹仁曾考虑放弃樊城，被辅助曹仁的汝南太守满宠所劝止。

▶单刀赴会·山东高密年画·吕清溪绘

▶单刀赴会·山东潍县年画

关羽军虽乘船猛攻，一时仍不能下。此际，魏荆州刺史胡修、南乡（治南乡，今河南淅川东南）太守傅方，均降于关羽，陆浑（今河南嵩县东北）人孙狼等，亦杀官起兵，响应关羽，关羽声势一时"威震华夏"（《三国志·蜀书·关羽传》）。

曹操感到威胁，一度准备迁都，被司马懿及曹椽蒋济谏止。曹操采纳了谋士利用矛盾破坏孙、刘联盟，以坐收渔翁之利的策略，派使者去见孙权。同时指令徐晃率军援救曹仁。

因关羽自恃勇武，对孙氏集团始终倨傲不敬。鲁肃与他单刀相会，讨要荆州，他尽管理亏，但仍然不肯从两家联合的角度着眼来妥善解决问题。孙权派使者为自己的长子孙登向关羽的女儿求婚，关羽不但不应许亲事，反而大骂使者，双方关系越来越僵。

所以孙权收到曹操的信后，欣然允诺。他召吕蒙回建业，共商夺取南郡的计划。关羽也知孙、刘联盟不巩固，这时既要夺取樊城，又得防备孙权偷袭荆州。他看到东吴大将吕蒙屯兵陆口，就再三嘱咐糜芳和傅士仁小心镇守荆州，并将大部分军队留在南郡，还沿江设防，二三十里设一个岗楼，建起烽火台。

吕蒙探知关羽防守严密，无懈可击，就佯称病重，推荐陆逊代替自己。当时，陆逊年少多才却无名望，正任定威校尉。孙权便任命他为偏将军、右部督，接替吕蒙。陆逊到任后，派使者给关羽送去了礼物和一封信，信上恭维关羽水淹七军，关羽看到陆逊是个无名晚辈，就放松了警惕。关羽为解燃眉之急，擅自强占了东吴储藏在湘关的粮食。

吕蒙率军隐蔽前出，诱降驻守公安的蜀将傅士仁，又使傅士仁引吴军迫降守江陵的蜀南郡太守糜芳。吕蒙进占江陵后，尽得关羽及其将领的家属。

关羽惊悉江陵失守，遂撤围退走，樊城围解。曹仁部将多欲乘胜追击，参军赵俨认为，应保留关羽一定实力与孙权作战，不宜追击。

回军途中，关羽多次派人到江陵探问消息。每次，吕蒙都礼待来使，并让使者周游城中。使者回到关羽军中，将士们知道家门无恙，斗志尽失，多数都半途而逃。关羽势孤，陷于进退失据，腹背受敌的困境，遂西走麦城（今湖北当阳东南）。

孙权派使者到麦城劝关羽投降。关羽提出叫吴军退兵十里，然后在南门相见。吕蒙果然退兵十里，等候关羽投降。关羽及其长子关平趁机带着十几个骑兵，偷偷地出北门向西逃去，被吴将潘璋部司马马忠擒获，与其子关平在临沮一起为潘璋所杀，死时年约六十岁，其次子关兴嗣"汉寿亭侯"之位。蜀汉怀帝刘禅在景耀三年（公元260年）追谥关羽为"壮缪侯"。

 关羽也有严重缺陷

关羽也有严重的性格缺陷，他对士大夫非常骄矜，与同僚关系也不太好。黄忠官拜后将军，他愤怒地说 "大丈夫终不与老兵同列！"幸得诸葛亮和费诗解说，关羽才接受。而糜芳、傅士仁、潘浚都与关羽有隙。

《三国志·关张马黄赵传》中论及关羽与张飞："关羽、张飞皆称万人之敌，为世虎臣。羽报效曹公，飞义释严颜，并有国士之风。然羽刚而自矜，飞暴而无恩，以短取败，理数之常也。"还说："羽善待士卒而骄于士大夫，

▶门神关公·河北武强年画·戚建民出品

飞爱敬君子而不恤小人。"事实上的确如此。

建安十九年（公元214年），刘备在夺取益州过程中，收降了马超，自领益州牧后，拜马超为平西将军。关羽因马超并非旧友，又闻说马超勇武，心中不服，便写信给诸葛亮，问："超人才可比谁类？"

诸葛亮知其意，写了一封回信，让费诗带给关羽，信中说："孟起（马超字孟起）兼资文武，雄烈过人，一世之杰，黥（黥布即英布）、彭（彭越）之徒，当与益德（张飞字益德）并驱争先，犹未及髯之绝伦逸群也。"（《三国志·蜀书·关羽传》）关羽有一把好胡须，所以诸葛亮称他为美髯公。关羽得信，大悦，把它拿给宾客传看。

建安二十四年（公元219年）七月，黄忠斩曹军名将夏侯渊，因功升为征西将军。同年刘备进位汉中王，任命关羽为前将军，黄忠为后将军，张飞为右将军，马超为左将军。诸葛亮对刘备说："忠之名望，素非关、马之伦也，而今便令同列。马、张在近，亲见其功，尚可喻指；关遥闻之，恐必不悦，得无不可乎？"刘备说："孤自当解之。"（《三国志·蜀书·黄忠传》）并派益州前部司马费诗去给关羽送印绶。

关羽闻说黄忠与己并列，大怒道："大丈夫终不与老卒同列！"不肯接受任命。费诗对关羽说："夫立王业者，所用非一。昔萧（萧何）、曹（曹参）与高皇帝（刘邦）少小亲旧，而陈（陈平）、韩（韩信）亡命后主，论其班列，韩最居上，未闻萧、曹以此为怨。今以一时之功隆崇于汉升，然意之轻重，宁当与君侯齐乎？且王与君侯臂犹一体，同休等戚，祸福共之，愚为君侯不宜计官号之高下、爵禄之多少为意也。仆一介之使，衔命之人，君侯不受拜，如是便还，但相为惜此举动，恐有后悔耳。"（《三国志·蜀书·费诗传》）关羽大为感悟，遂拜受印绶。

关羽生性高傲的弱点，导致了在樊城之战，由开始的指挥正确，威震华夏，发展到最后上当受骗，全军覆没，大意失荆州，最终导致孙、刘联盟瓦解，其教训惨痛。

吕蒙评说关羽："斯人长而好学，读左传略皆上口，梗亮有雄气，然性颇自负，好凌人。""今东西虽为一家，而关羽实熊虎也，计安可不豫定？"

当初曹操常告诫夏侯渊："为将当有怯弱时，不可但恃勇也。将当以勇为本，行之以智计；但知任勇，一匹夫敌耳。"（《三国志·魏书·夏侯渊》），夏侯渊最终果恃勇而亡。夏侯渊如此，关羽亦如此。

关羽从人变成神的奥秘

为何这样一个有严重性格缺陷的人，会成为"武圣"，成为万人景仰的神呢？

关羽在人世间60年的人生之旅中，由一平头百姓起步，随刘备左右，不过被封过一个亭级侯，官至前将军，这种级别的历史人物，绝对不下几万，几十万，而为何中国留下了关羽成名成帝成圣成神的历史轨迹，而又成为1700多年来的文化现象，

▶门神关公·广东佛山年画·冯锦棠出品　　▶门神关公·广东佛山年画·冯锦棠出品

使关羽成为一个超民族、超国籍、超信仰、超时空的人上之人、帝上之帝、神上之神呢？

这是因为关羽的忠义信体现了中国人的精神，他这优秀的一面使得他能够名垂千古。

关羽重然诺，守信用，对刘备及其集团的利益无限忠诚。他与刘备同甘共苦许多年，恪守信义，始终不渝。即使白马被擒，身在曹营，也仍不忘旧恩，终于复归刘备，忠义一时无两。

关羽勇武异常，冠于全军。后世小说，写他温酒斩华雄、三英战吕布、斩车胄、斩颜良、诛文丑、挂印封金、千里走单骑、过五关斩六将、华容道、单刀赴会、水淹七军等，虽有违背史实之处，但却也突出表现了他的武勇和神韵。刮骨疗毒，言笑自若，更是尽人皆知。

有了忠义信精神，又有能力，这样的人，很容易获得古人的尊敬，所以尽管他有很多缺点，神话的力量也能让他流芳百世。因为他契合了中国人的精神追求。

▶华容道·山东平度年画

▶华容道·山东高密年画

温恢评论："关羽骁锐。"郭嘉、程昱称关羽"万人敌"，刘晔称关羽、张飞"勇冠三军"，周瑜称关羽、张飞"熊虎之将"，傅干称关羽、张飞"勇而有义，皆万人之敌，而为之将"。

杨戏的《季汉辅臣赞》中赞关云长、张翼德："关、张赳赳，出身匡世，扶翼携上，雄壮虎烈。藩屏左右，翻飞电发，济于艰难，赞主洪业，侔迹韩、耿，齐声双德。交待无礼，并致奸慝，悼惟轻虑，陨身匡国。"

关羽在当时在后世都成为勇猛善战的代名词。晋书刘遐传："晋刘遐每击贼，陷坚摧锋，冀方比之关羽、张飞。"魏书崔延伯传："崔公，古之关张也。"

历代封建统治阶级为了巩固自己的统治地位，把关羽当做"忠义"的化身，关羽的地位被抬得越来越高，"由侯而王""旋而进帝"，最后被尊为"武圣人"。

有人说，关公是一种文化；也有人说，关公是一种精神。笔者看来，所谓关公文化，就是忠义信勇文化，所谓关公精神，就是忠义信精神。

在关羽身上，"忠"是他的突出特点。"忠"指忠诚，对关羽而言即忠刘备。建安五年，刘备兵败，关羽连同刘备的两个夫人同为曹操所擒。考虑到夫人的安全，又经前来劝降的张辽点悟，关羽决定有条件投降。最重要的条件是"降汉不降曹"，表达方式的不同，使得行为的性质也完全不一样。这样一来，关羽不但不会因降曹而叛刘，相反，却因此得了千古忠君的美名。

"降汉不降曹"表现的不仅仅是关羽的"忠"，更重要的是他的"智"！

历史上因"愚忠"而亡的太多了，而因"智忠"而存的就关羽一人。既不失气节又能保存实力且能赢得尊重，让人叹为观止。

▶ 华容道·山东杨家埠年画

关羽是中国精神"义、仁、信、勇"的形象化，即今天我们说的形象代言人。

"义"乃正义，"仁"乃仁爱，"信"乃诚信，"勇"乃武勇，四者在关羽身上一个也没少，而且无一不体现得淋漓尽致。

关羽自幼喜读《春秋》，且能谙熟上口，深受儒家正统道德的熏陶，以忠事主、以义友朋、以礼立身、以诚行事、以勇建功的观念，支配并贯穿于他卓然于世的生平实践。

中国传统文化是儒家文化为主导的文化，儒家文化的精髓是仁义礼智信。这五项中，中国历史上能在其中一项上超群绝伦就不简单了，在其中两项上突出就可成为神。

就以与关羽同时代的人来说，刘备"仁"突出，成为民间传颂的千古明君；诸葛亮"智"突出，几乎成为神一样的人物；曹操无仁无义无礼无信，成为暴君形象，仅仅在"智"上露出端倪，被论为奸雄。尽管历史上真实的曹操并非完全如此，但民间传说和民间评价就是如此，可见，顺应了中国精神的人物，就可以千古流芳，背离了中国精神的人物，只能遗臭万年。

而关羽"对国以忠、待人以仁、处事以信、交友以义"，除了体现中

▶ 义存汉室三分鼎·志在春秋一部书·河北武强年画

国人精神的仁义礼智信外，还增加了一个"作战以勇"的"勇"字，成为"义勇武安王"。于是，关公的忠义勇武仁信等品质集中了中华民族的传统美德，代表了中国人的精神，体现了民众的社会愿望和理想人格。因此，千百年来他受到了世人的拥戴，被尊称为关公、关爷、关老爷、关王爷、关帝爷、伽蓝爷、关护法、恩主公、关夫子、关大帝、关圣大帝、协天大帝、俘佑帝君、盖天古佛、南天主宰……

缺陷成为崇拜的理由

有趣的是，关公最大的缺陷没有使他让人觉得讨厌，反而让人们觉得他可敬可爱，成为人们崇拜他的理由。

对此，关公文化研究者、东山县文联主席林喜禄颇有见地，他认为：关羽之所以能成为关帝，其最独特的精神、人格内涵就是关羽的傲。历史上，兼有忠、义、仁、信、勇的不乏其人，周有姜尚，汉有周勃，唐有郭子仪，宋有李纲，明有于谦，即使是同在三国时期，关羽的同事，如孔明、赵云等。与关羽相比，他们忠、义、仁、信、勇一样也不少，有些人的历史功绩还远胜于关羽，他们的人格也比关羽更具理想性，他们都不像关羽那么傲得忘乎所以。可是他们却都成不了"帝"，成不了"神"。为何呢？就因为关羽与他们相比，除了具有"忠、义、仁、信、勇"外，有着不一样的人格特征，那就是关羽的"傲"。

道德家眼中所谓的不可提及的缺点在民众看来也是很喜欢的，因为这样的缺点让关羽的形象不是高高在上

▶温酒斩华雄·山东高密年画·吕清溪绘

遥不可及，而是人性化了，更容易为民众所接受，让民众觉得关羽是很实在的，他和我们一样有缺点，而且这样的缺点也体现着他自由独立的精神内涵。

他一出场，就将一身傲气挥洒得淋漓尽致。他受邀与刘备同坐，被问及姓名，回答后，他竟画蛇添足地补充道："因本处势豪倚势凌人，被吾杀了；逃难江湖五六年矣。"其实他是一名被通缉在逃的杀人犯，却毫无忌惮。傲得理直气壮。

温酒斩华雄时，他只是个马弓手，副排长级干部，主动请缨遭袁术训斥，幸曹操力荐才得准行。回来时酒尚温，他不是把华雄的人头双手奉上，而是"掷于地上"。傲得底气十足。

投降曹操时，他说他"不降曹"，"降汉"，挑明不把曹操当"最高领导"，而且暗指曹操有不轨之图。傲得别具一格。

封五虎将时，他得知和老将黄忠同一级别待遇，怒曰："黄忠何等人，敢与吾同列？大丈夫终不与老卒为伍！"遂不接印。傲得唯我独尊。

守荆州时，孙权要跟他结亲家，他竟对前来提亲的诸葛瑾勃然大怒："吾虎女安肯嫁犬子乎？"傲得孤芳自赏。

▶ 关公夜读春秋·山东高密年画·吕清溪绘

▶ 门神关公·湖南滩头年画·高腊梅出品

败走麦城时，王甫劝他宜走大路，小路恐有埋伏。他竟说："虽有埋伏，吾何惧哉！"其骄横傲慢之态毕露，结果把命也搭上。

他的"傲"是傲上是傲敌是傲权，而对下属对民众对百姓，他是从来不欺的，《三国志》说他"善待下人"，这与一般只敢欺下媚上的官僚"假傲"是不同的。

因为他的傲，他的缺点，他独立的人格特征以及他强烈的人生悲剧色彩，他与民众的距离才能有那么近，才能被民众广为接受，才会被人们当"神"膜拜。

▶ 上关下财·山东高密年画·清·孤品

傲是关羽与生俱来的品质特征，因为傲付出了最沉痛的代价，包括他的生命。可以说，傲成了他的一种生活方式，一种生存法则。因为傲他赢得了尊重，成就了名气，也带来了祸害，但他的傲让他成了神而不仅仅作为人。民众信仰关羽，或许正是因为从潜意识上尊崇他的傲。

道教中的关圣帝君

关公亦称"关圣帝君"，简称"关帝"，曾为道教的护法四帅之一，后来道教主要将他作为财神来供奉。

在道教中的关公能"治病除灾，驱邪辟恶，诛罚叛逆，巡察冥司"，还可"司命禄，庇护商贾，招财进宝"，又因其忠义，故被奉之为财神。

为何将关公奉为财神爷呢？主要有如下原因：

（1）商人认为关公生前十分善于理财，长于会计业务，曾设笔记法，发明日清簿，这种计算方法设有原、收、出、存四项，非常详明清楚，被后世商人公认为会计专才，所以奉为商业神。

（2）因商人谈生意作买卖，最重义气和信用，

▶ 上关下财·山东高密年画·清·孤品

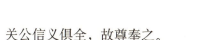

关公信义俱全，故尊奉之。

　　（3）因传说关公逝世后真神常回助战，取得胜利，商人就是希望有朝一日生意受挫，能像关公一样，来日东山再起，争取最后成功。

　　民间年画中的《上关下财》，表现的就是关公作为武财神，居于文财神之上。因为义就是诚信，诚信是发财之本，所以关公居于所有文武财神之首位。

▶ 上关下财·山东高密年画·清末民初

　　这种信仰在清代，被各行各业所接受，对其顶礼膜拜尤盛。近代江湖上的哥老会、青红帮特别敬祀关帝，且江湖上结义弟兄，亦必于关帝前顶礼膜拜，焚表立誓，以守信义。

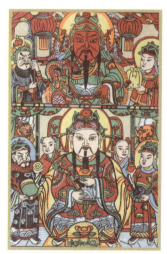

▶ 上关下财·河北武强年画·戚建民出品

　　关公在台湾还有一个封号——玄灵高上帝。此是清以来，百姓受颠沛流离之苦和内忧外患之辱，更祈求于忠勇信义的关公保护。台湾道教组织于1993年5月在台北泰山乡加封关公为第十八代上帝，号为"玉皇大天尊玄灵高上帝"。

　　"玄灵高上帝"之号标志着关公信仰在台湾道教中的升级。

　　江南一些城市的百姓在惨遭清兵和外国侵略军的屠杀时，曾抬出关公的神像聚集民众以抗外辱。民众在遇天灾、人祸、疾病、争执时，则向关帝求雨、求药，求他驱灾镇魔、求他正直决断，皇室求关公保国安民，地方求关公除暴安良。

　　在民间驱傩习俗中，由于关公一身正气，神勇无敌，被奉为坛神或戏神。酉阳阳戏、梓潼阳戏、提阳戏都敬关公为主神。开戏，必设关公圣

▶ 上关下财·河北武强年画·清版

像、先祈关公后开正戏。在梓潼县还有"关公扫荡"的习俗。每年春节或关公生日，均要从庙里抬出关公像，在田野、村寨中游走（扫荡），以借关公之威，驱邪纳吉，保一方平安。届时，当地群众，在村头庄尾，设坛迎送，气氛热烈隆重，可谓一大宗教民俗景观。

《关帝诗竹》展现高风亮节

民间年画中有一幅著名的关公年画《关帝诗竹》，这幅年画也有传说：关羽自小家中穷困，无法请先生教书或入私学。一位好心的匈奴族老人，看到关羽天资聪颖，便收他为学生。那老人有一独生女儿，名叫胡甄，与关羽日夕相处，心生爱慕。

后来，胡甄的父亲看透了女儿心思，更自信关羽人才出众，便将女儿嫁与关羽为妻。在关羽18岁时，得儿子关平。

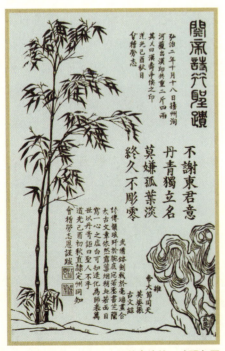

▶ 关帝诗竹·武强年画

胡甄深明大义与大礼，是个典型的贤妻良母。得知关羽要为民除害时，极力相从，后来携儿子远避在今五龙峪乡娘娘庙村，虽埋名隐姓，教子之余，不断上山挖药，帮助老百姓排忧解难，后无疾而终（另说为后去归关羽）。当地老百姓曾为她立庙供祀，直到20世纪四十年代末，原庙毁于兵火，九十年代初，群众又捐资重建了新庙。

传说，关平成人后，胡甄嘱儿前去投奔父亲。儿子临行前，胡甄满腹心里话，无法成书，着儿子带了信物外，又摘了些家乡青梅与一支竹子，着儿子一定交给父亲，说关羽最好吃青梅，又最爱竹子——高风亮节，四季常青等。实际上还有一重意义：青梅竹马，永不变异。

关羽父子相认后，更思念妻子，几夜难眠，最终以画隐诗，以诗明意，即今传于世的《关帝诗竹》，此前也称为《风雨竹图》。

那风雨中的竹叶组成一首五言绝句：不谢东君意，丹青独立名；莫嫌孤叶淡，终久不凋零。

以"孤叶"自喻，表示自己历经风雨，对爱情不会随风就雨，一定忠贞不移，即使"东君"送花再多，也独善其身。这首诗和这幅画，都成了中国独善其身传统精神的体现。

常平关帝祖庙殿中有胡甄供像，成于明末清初。明万历四十二年（公元1614年），明神宗谥封关夫人为"九灵懿德武肃英皇后"，同时封关平为竭忠王，关兴为显忠王。

受封后的关夫人，凤冠霞帔，形态栩栩如生，端庄华贵，慈祥威仪，当香客跪拜像前，那双眼似能说话，叫人备感温和。常平关帝祖庙因此成为天下独一无二的关帝庙。

据民间信仰，除了不充当"送子"神外，关羽是一个全方位之神。而此庙中，关夫人充当的神正是"送子娘娘"。从这个意义上讲，常平关帝祖庙是全方位的神庙。

忠义信仁勇的内涵

▶ 眼观十万里·河北武强年画·
戚建民出品

研究关公文化，其实是把握中国人精神的一把钥匙。

关公文化是多元的，具有深刻内涵与广泛外延。关公文化的核心精神，是以关公的"所有行为"形成的忠、义、仁、信、勇，还有智、廉、耻。

说关公文化是"仁、义、礼、智、信、廉、耻"，其实是一个中国文化泛概念，关公文化体现传统精神方面准确的表述应是"忠、义、仁、

▶眼观十万里·河北武强年画·戚建民出品

▶关公·广东佛山年画·冯锦棠出品

信、勇"。

从宋徽宗崇宁元年（公元1102年）封关羽为"忠惠公"，宋宣和五年（公元1123年）封关羽为"义勇武安王"，以及最后清代谥定的26字时，增冠以"仁"字，形成"忠、义、仁、勇"的鲜明特色。

审视关公文化，其要点是对国以忠，待人以义，处世以仁，行事以信，任事以勇。

"忠"在中国人的传统美德中占有很大的比重。在古人的文字训诂中，它有10多种解释：敬；诚；竭诚；爱；不二；不相违；无私；正；直；厚；恕；中正；危身奉上……这个"忠"字，几乎所有中国人都大致了解，甚至目不识丁的几辈人都会讲几句"忠于自己言诺""忠于祖国""忠人之托"等。

人们寄情于关羽，因为关羽的赤胆忠心，不是一般人所能做到的。在乱世，君择臣，臣亦择君，依附强主是很多人士的选择，从而许多人有过多次易主的经历，如与关公同样作为门神的秦琼和尉迟恭，都多次易主，有奶便是娘，他们的武功和功劳或许并不低于关羽，却没有成为帝和圣，只能守门。

关羽自始至终只追随刘备。因为关羽在走投无路时，刘备救了他，刘备是关羽的初主、故主，如同纯洁爱情的初恋，关羽是从一而终了。无论刘备多么弱小，乃至两失徐州，成了丧家之犬，关羽自始至终不离开刘备，尽忠尽义，在关羽身上体现得淋漓尽致。

这对于当代人也是有启示的。在当代激烈竞争的商业社会，一个人选择职业，如果得到知遇，就应赴汤蹈火，义无反顾，如果每个人都忠于职守，执著坚守，那么小至一个企业，大至一个国家，就会由弱变强，由小变大，事业兴旺，国家强盛。所以关羽的忠义精神，已经积淀为人生的一种道德追求。故关羽的忠义精神与世长存，永不过时。

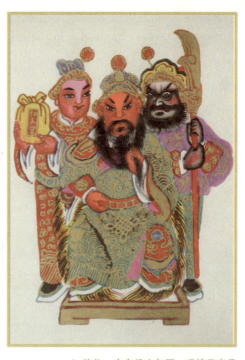

▶ 关公·广东佛山年画·冯锦棠出品

在封建时代，"忠君"是"礼"的外在表现，而"礼"是"仁"的道德外境，是制度规范。关公的忠义实践不仅高扬了儒家学说的道德观念，也强调了它的社会价值，淳化了它的社会功能。北魏孝文帝不仅提倡关公忠义，还用关公以勇建功的精神鼓励部下。

"义"的释条在现代词典似乎不太多，但古人十分重视它，典籍中其解释达30多条，如：己之威；宜；正；平；裁断；人（行之）路；死（之大）节；成物之功；理；经（典文字之）意旨；施恩；至行过人；推证；正事；谊（义）等。这个"义"字，如今仍不绝于人口，诸如"正义事业""英勇就义""义无反顾"等。

孟子曰："生亦我所欲，义亦我所欲，舍生而取义，可也。"圣人之"义"是儒家学说核心"仁"的道德成分，它旨在强化社会成员的是非感和正义感，而关羽之"义"则把儒家教义转化为具象的行为实践，这种实践又直接影响和推动着道德教义的传播，形成良性的社会教化。正是这种道德学说与行为实践的结合，才奠定了关公独具魅力的人格基调。

"信"是关羽做人的准则，不仅对刘备诚信，对张飞诚信，对一切人，包括自己的敌人，如对待曹操，他都表现出了诚信的品格。正因为其诚信，因此被奉为武财神，商人从他身上学习诚信，以他为诚信的楷模。如今社会诚信减少，这更表现了关公信仰的必要，也更体现了诚信的可贵。

"仁"字的解释也不少，仅孔夫子的言论中，就有20多种结实和训示，如：亲；爱；天养万物；怜；忍；德政；德化；善政；润；人心；人之本体；性也；理也；党也；爱之心；心之德；修己之行等。"仁"又与"信"通（用）。我们今日的文字与口语中，也仍不少使用这种大义，如"仁爱之心""志士仁人""仁义"等。

"勇"是关公的主要表现，古人对它的训解也不少：踊跃；果敢；锐；有气力；果决；不为（强力）屈服；猛；健；胜敌；壮志等10多种。这个"勇"字，我们生活中也还常常使用，如"勇敢""勇往直前""英勇顽强"等。

关羽的生平实践是具有典型意义的道德行为，它体现了一种社会价值标准——高尚的德操，这也正符合儒家一贯倡导并追求的理想人格。

关公的精神与中国文化大师孔子有关"修身、齐家、治国"诸方面的系统理论是一脉相承的，因此它很容易就成为我们这个民族的精神。

关公文化的表现

关公文化的表现，主要体现在如下几个方面：

一是融合文化

关羽综合了中国古代传统文化的各方面的精华，是中国古代唯一受到儒、释、道三教共同尊崇的精神偶像。

佛教最先发现了这一优质的资源，隋唐时把关羽拉进佛门，封了个"伽蓝神"。

北宋时关羽人气骤升名声大振，宋徽宗开始对关羽屡屡褒封，一向很清高的儒家见风使舵把关羽列座仅次于"文圣人"孔子之后，尊其为"武圣人"。

▶ 千里寻兄恩义重·河北武强年画·表现关公和观音

▶ 马行千里思兄弟·河北武强年画·表现关公和观音

道教也不甘落后，尊其为"关帝圣君"，掌管司命禄、佑科举、治病除灾、驱邪辟恶，乃至招财进宝，庇佑商贾等，不仅位置重要，而且极有实权，几乎成了万难之神。

清代关庙中有这样一副对联，颇能概括关羽在中国传统文化中融会贯通儒、释、道三教的地位和巨大影响："儒称圣，释称佛，道称天尊，三教尽皈依。"

在形成对于关羽"全民崇拜"过程中，佛、道、儒三家都先后参与其事，终于使关羽成为中国历史上最重要的神祇之一，对凝聚近代中国民族精神起着不可忽视的影响。

▶ 上关下财·山东东昌府年画

▶ 关公门神·广东佛山年画·冯锦棠出品

▶ 关公门神·广东佛山年画·冯锦棠出品

煌煌大观的"二十五史"及种类繁多的野史中，帝王将相、英雄豪杰不可胜数，但"三教并尊"，天、神、人合一，且身后庙祀无垠的历史人物只有关羽，正所谓"汉封侯，宋封王，明封大帝；释称佛，儒称圣，道称天尊"。

武强年画中，将关公和观音绘于一图，可以说是佛道合一的形象画面，也是人神合一的少见图像，充分表现了在民间信仰中人们对两位神像高度认可的心理。事实上，关公和观音正是在中国人的精神信仰中影响最大的神像。

关公融会贯通儒、释、道三教，最终形成中国传统文化的一道独特景观，将中国人的精神张力发挥到了极致。

二是理念文化

关公的理念文化即上述的"忠、义、信、仁、勇"的文化内涵，既是民族文化的结晶，也是关公文化中的"精神"，是中国文化的"精品"。

三是祭祀文化

关公崇拜及其文化兴起，源自民间，及至后来，佛、道及国学儒学、王室帝王都尊拜，但民间信仰封拜关公为"第十八届玉皇大帝"，成为谐和天、地、人的至高无上之神灵，被尊为万能之神，人们对他的祭祀不仅仅是祈求保护，更有着祈求和谐、富有、平和人事等作用。

四是庙会文化

在国内所有的关庙建筑中，规模较大至今保存完好的有五六处：山西关羽故里常平关帝庙，河南洛阳关林，湖北当阳关陵，荆州关帝庙，河南许昌霸陵桥关帝庙等。

而规模最大、气势最为宏伟的，就是位于关羽的故里——山西省运城市解州城西的关帝庙了，它至今仍然完整地保留着一座全国最大关帝庙。庙内楼台殿阁共达三百余间，为游览胜地之一。堪称天下第一关庙。

陈隋间，佛都徒假托关羽显灵，在当阳首建关庙。唐建中三年（公元782年），关羽被列为古今六十四名将之一，放进武庙，配享姜太公。

宋代以后，关羽便被戴上"武圣"的桂冠，被宋徽宗连升三级：先封"忠惠公"，再封"崇宁真君"，又封"昭烈武安王"和"义勇武安王"。元文宗封关羽为"壮缪义勇武安显灵英济王"，明神宗封之为"三界伏魔大帝神威远震天尊关圣帝君"，又把关羽庙长格为"武庙"，与文庙——孔庙并列。

清代皇帝标榜关羽为"万世人极"，封之为"忠义神武仁勇威显护国保民精诚绥靖翊赞宣德关圣大帝"（《清史稿·礼乐志》），在北京修建了关帝庙，还通令全国，普建关庙，按时奉祀香火。武圣关

▶ 关公门神·广东佛山年画·冯锦棠出品

▶ 关公门神·广东佛山年画·冯锦棠出品

▶ 关公门神·广东佛山年画·冯锦棠出品

▶ 关公门神·广东佛山年画·冯锦棠出品

公庙数量之多，远远超过了文圣孔庙。

庙会是围绕庙堂所发生的群众性信仰活动而形成民间娱乐（社火艺术表演等）、产品、商品交易的重要形态。随着各庙的祭拜关公活动的开展，形成了常规与固定的商贸交易，促进了地方商品的繁荣，也形成了独特的关公庙会文化。

五是戏曲文化

中国戏曲从发展以及形成的近千年间，以歌颂关公及其"忠、义、仁、勇"思想为主题的戏曲，占据了戏剧主题的主导地位。在中国戏剧发展的历史过程中，曾经出现过"三国戏"热，许多著名的剧种都有相当数量的"三国戏"和"关公戏"。

以京剧为例，148出"三国戏"，单独写关公的戏就有20出。再以关羽家乡运城的蒲州梆子为例，"三国戏"有记载的88出，其中"关公戏"就有18出。在舞台上，关公的形象都是完美的英雄，面如重枣，长髯飘拂，威武气概。即使是在《走麦城》里，他也照样英雄本色有增无减。

在教化民众、感召社会的漫长岁月中，关公戏曲已形成系统和庞杂的艺术流脉，及至形成清代宫廷中连演六十本的关公文化主题戏曲，传播了人们推崇的"忠、义、仁、勇"的精神思想，又繁荣了中华戏曲文化，也形成了相应的文化融汇与发展。所以，戏剧界自古将关公封为戏神。

六是财神文化

财神文化也是商神文化。财富是每个人的追求，商业是人们经济交流的重要形式，至少从唐代以后，人们在商贸中，祈求公平、公正、公道、信用、诚实，以关公为"监护神祇"，关公也被尊列为财神。

行商始，求关公保护；行商中，请关公主持公义；发生争执，求关公神判（不愿去公堂诤讼！），遇庙会、年节求关公神佑兴商，关公取代而成为商业之神。在民间，则早已将关公拜为财神了。

七是庙宇文化

据资料显示，清代以后，至民国期间，山西有关帝庙3万余座，全国有30余万座，海外华人聚居的地方都有宏伟精致的关庙建筑，它既是中华古代文化建筑的综合艺术载体（包括造型、雕刻、塑像、楹联、建筑等内容）和传统文化的成果，同时也与信仰文化活动紧密相联，形成了独特的庙宇文化；更重要的是，很多地方的关帝庙见证着明清晋商筚路褴褛、开创商道、发掘商品的成就。

如今，关帝仍是中国最主要的民间信仰之一，全国关帝圣庙数量规模远甚于孔庙。关帝信仰作为一种独特的文化现象，对社会管理、民众的精神寄托以

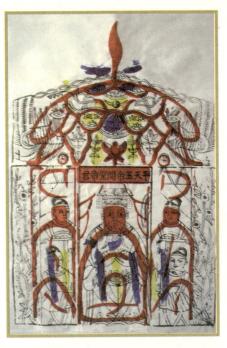

▶天平玉帝关圣帝君·江苏南通年画

▶上关下财·河北武强年画·清版

及两岸的文化交流与传承产生了积极重要的影响。

八是信义文化

中国人的信义为本、轻财重友是独具华夏民族个性的特征之一。做买卖讲信义，日常相处讲信义。轻财才能仗义，才能在危难中互相扶助，俗谓"买卖不成仁义在"，这是中国商人或社会成员间稳固的社交文化心理体现。

九是忠诚文化

忠君、孝亲、重友是忠诚的具体表现。关公对先主刘备和汉室的耿耿精忠，得四海之誉，受三教之尊，开两仪之明。后世广其内涵，忠于君，忠于父，忠于家庭，忠于事业等。忠与诚是相辅相成的两个方面，不可分割，所以人们在生活中把"忠诚"这个传统观念词汇淳化得更具体、更普遍，实现了社会教化意义上的升华。当然，忠诚文化中的"愚忠"是需要鉴别的。

▶ 观音·关公和财神·江苏南通年画

忠义信奠定关公地位

千百年来，经过历代统治者的封谥和戏曲、文学的演义描述，他由"万世人杰"上升到"神中之神"，成为战神、财神、文神、农神，是全方位的万能之神，为历代统治者和百姓万民同奉，上下共仰。

关公地位从各地关帝庙对联中，可见一斑。

左宗棠曾撰常德关庙联，上联说关羽上继文宣大圣（孔子），下开武穆（岳飞）；下联结合地理形势与关羽的事业加以发挥，很有特色：

史策几千年未有，上继文宣大圣，

下开武穆孤忠，浩气长存，树终古彝伦师表；

地方数百里之间，西连汉寿旧封，东接益阳故垒，英风宛在，想当年戎马关山。

湘潭市关圣殿联突出了关羽勇武好胜的性格：

匹马斩颜良，河北英雄皆丧胆；

单刀辞鲁肃，江南士子尽低头。

台湾的一副关帝庙联，则用"忠义"二字对关羽的一生作了高度概括：

义勇腾云，一朝兄和弟；

忠心贯月，千秋帝与王。

宁夏六盘山上关帝庙对联叫人学关羽的品德，不要假心假意，是劝人诚信做人：

拜斯人便思学斯人，莫混账磕了头去；

入此山须要出此山，当仔细扪着心来。

▶关公和关平·赵之琛作

清代关庙有一副对联则更多被人引用：

儒称圣，释称佛，道称天尊，三教尽皈依。式詹庙貌长新，无人不肃然起敬；

汉封侯，宋封王，明封大帝，历朝加尊号。翘是神功卓著，真所谓荡乎难名。

历代封建统治者尊崇关羽自不必说，就是李自成、张献忠、洪秀全等农民起义领袖，也把关羽奉为膜拜的英雄。除了在华夏大地，在日本、东南亚以及海外华侨中，对关羽的膜拜之风也历久不衰。

在拥有二千余万人口的台湾，关公信徒多达800万众，几乎各家各户都为关公设香案，立牌位，挂圣像。台湾的关公画像年销售量，远远超过了他们最崇奉的神祇妈祖。

美国的"龙岗总会"是一个以拜关公为祖的民间组织，各地分会有140多

个，遍布华人居住的世界各地。东南亚各国竞相立庙拜求关公，最盛者当数泰国。在日本，早在清代就有关帝庙，前些年还新建了一座关庙，据称是海外建筑规模最大的关庙。

据报道，世界上有168个国家和地区举办有关公崇拜活动。

美国圣地亚哥加州大学人类学系教授、芝加哥大学人类学博士Davidkjordan（汉名焦大卫）曾说："我尊敬你们的这一位大神，他应该得到所有人的尊敬。他的仁、义、智、勇直到现在仍有意义，仁就是爱心，义就是信誉，智就是文化，勇就是不怕困难。上帝的子民如果都像你们的关公一样，我们的世界就会变得更加美好。"

凝聚在关羽身上而为万世共仰的忠、义、信、智、仁、勇，蕴涵着中国传统文化的伦理、道德、理想，渗透着儒学的春秋精义，并为释教、道教教义所趋同的人生价值观念，其精神实质已经成为彪炳日月、大气浩然的华夏魂。

第三章

观音：悲天悯人的求善精神

众生被困厄，无量苦逼身，
观音妙智力，能救世间苦。
——《法华经·观世音菩萨普门品》

观音菩萨妙难酬，清净庄严累劫修。
三十二应周尘刹，百千万劫化阎浮。
瓶中甘露常遍洒，手内杨枝不计秋。
千处祈求千处应，苦海常作度人舟。
——《观世音菩萨赞》佚名

悲天悯人是一种情怀，更是一种精神，是伟大的求善精神的情感体现。我们研究评价一位作家或艺术家的深度和高度，有多种标准，悲天悯人就是其中最重要的标准之一。悲天悯人是中国古人的精神亮点，观音形象是中国人悲天悯人求善精神的典型表征。

观音，又称作"观音菩萨""观世音菩萨""观自在菩萨""光世音菩萨"等，从字面解释就是"观察（世间民众的）声音"的菩萨。

观音是中国古代流行的四大菩萨之一。佛教中，观音是西方极乐世界教主阿弥陀佛座下的上首菩萨，同大势至菩萨一起，是阿弥陀佛身边的胁侍菩萨，并称"西方三圣"。

观音在中国古代并非最大的神，然而她的信众最多，影响最大，为什么？因为她是按照中国人悲天悯人求善精神的需要改造过来的外来神，她相貌端庄慈祥，经常手持净瓶杨柳，具有无量的智慧和神通。当人们遇到灾难时，只要念其名号，她便前往救度，所以称观世音。

观音的悲天悯人是大慈大悲，体现了中国人的求善精神；她有求必应，符合中国人信仰的功利性；她无所不能，普救人间疾苦，吻合了中国人精神中实用性的需求。因此，她有多得数不清的形象和无数传说。

▶送子观音·江苏南通年画

送子观音

在古代民间年画中，观音形象最为常见的是"送子观音"，俗称"送子娘娘"，是抱着一个男童的妇女形象。"送子观音"很受中国妇女喜爱，信徒们认为，妇女只要摸摸这尊塑像，或是口中诵念和心中默念观音，即可得子。

"送子观音"最早在经书的记载见于《法

华经》，该经中说："若有女人设欲求男，礼拜供养观世音菩萨，便生福德智慧之男；设欲求女，便生端正有相之女。"于是，这成了"送子观音"的理论来源。

民间关于"送子观音"的传说很多。最早的"送子观音"传说是晋朝益州有个叫孙道德的人，年过五十，还没有儿女。他家距佛寺很近，景平年间，一位和他熟悉的和尚对他说："你如果真想要个儿子，一定要诚心念诵《观世音经》。"孙道德接受了和尚的建议，每天念经烧香，供养观音。过了一段日子，他梦见观音菩萨告诉他："你不久就会有一个大胖儿子了。"果然不久夫人就生了个胖乎乎的男孩。

▶ 送子观音·江苏桃花坞年画

《异祥记》中也有类似的记载：南朝宋代有个名叫卞悦之的居士，济阴人。行年五十，没有儿女。娶妾几年，也没有怀孕。便向观音菩萨祈求继嗣，发愿诵《观音经》一千遍。从此每天念经，将满一千遍时，妾已怀孕，不久便生下一个儿子。

相传元代南京大宁坊有个叫王玉的人，年过四十无子。至元二年（公元1336年），一天，在友人马公酌家神前，见到一部《白衣观音经》，便专心致志地念起来。以后每天都念，从不懈怠。次年四月十四夜他的岳母刘氏梦见一个白衣人，头戴金冠，抱着一个婴儿，对她说："我给你送圣奴来。"刘氏接过婴儿，抱在怀里。第二天，她女儿即生下一个儿子，模样和梦中白衣人送来的婴孩一样，于是就为这个孩子取名"圣僧奴"。

福建也有一个送子观音的传说。从前，在福建与江西的界山上有座小道观，道观里住着一个道士。这个道士炼了一粒不死丹，吃了以后可以长生不老。但是还缺一百颗小儿心做药引。道士接连几夜下山，施展飞檐走壁的本领，搜遍方圆百里的所有村庄，盗来了一百个男孩，统统关在暗房里，准备剖膛取心做药引。

这天夜里，刚在泉州造好洛阳桥的观音菩萨回普陀山，路过那座道观，忽然听见众多小儿的哭喊声，慧眼一看，见一个道士正磨刀霍霍，百来个小儿哭成一团。观音心里明白了，悄悄伸出手指一弹，将不死丹弹到地上，骨碌碌从道士面前滚了过去。道士一愣，慌忙爬地上去捡。不料，不死丹一触即滚，一直滚到室外，一阵清风，将不死丹吹得无影无踪。道士回到暗室一看，一百个小孩不见了。

原来，观音将道士引出暗室后，趁机救走了小孩。她听说这时原州官年过四十，膝下尚无子女，老百姓背地里骂他"贪赃枉法，断子绝孙"，观音正想治治他，便悄悄地将一百个小儿安放在州府衙门。

州官夫妇贴出布告，叫百姓们前来认领，每个小儿交十两雪花银。不料，布告给人改了，改成：救来百个小儿，养在州府衙门，传言失儿父母，赶快前去认领。

接着，有个青年女子，领着许许多多男女，将一百个小儿全都认领走了。那女子说，若要抓她，可上南海普陀！

州官夫妇一听，大吃一惊：莫非是观音菩萨变的？

夫妻俩越想越怕，一个躺着，一个立着，身子像筛糠一样抖了起来，一直抖个不停，直到死去。

观音送子的消息不胫而走，渐渐在民间传开了。七传八传，有人就塑了送子观音的佛像。于是，没有儿子的夫妇便双双去"求子"。

中国佛教之所以创造出一个"送子观音"来，是基于下述原因：

（1）受儒家"不孝有三，无后为大"思想的影响，认为婚后没有孩子，断绝香火，是对祖宗最大的不孝，所以创造出"送子观音"。

（2）受封建伦理"多子多福"思想的影响，认为子孙满堂、香火旺盛，是最大的"福气"。

（3）原来中国的送子张仙名头太小，加上张仙的职能太多，主要是禄神，还能驱魔杀鬼等，而古代民间对求子的需求旺盛，于是大慈大悲有求必应的美貌观

▶送子观音·山东平度年画

▶送子观音·山东高密
年画·清·孤本

音就成了"送子观音"。

（4）受中国传统"母以子贵"思想的影响，认为"养儿可以防老"，没有儿女老了就没有依靠；儿子升官发财，父母也能富贵、享福。所以创造出"送子观音"来，使之成为天下母亲祈求保佑早生贵子的主要神灵。

（5）古代医学不发达，对不育症的原因不能从医学上解释，也无法治疗，民众只能从精神上祈祷"送子观音"。有些经过祈祷终于得子，其实从医学上讲，在心理和愿望的引导下，心情舒畅等原因，也是可以辅助治疗不孕症的。因而祈祷"送子观音"而得子的人，也是正常的。但未得子的郁闷不言，而得子的人要让人分享喜悦，一传十，十传百，于是越来越多的人真的相信了"送子观音"。

▶送子观音·山东荷泽年画

送子观音是观音菩萨化身之一，通常作手捧婴儿的中年妇女相，也有作观音双手合十状，前立一童男。此外，还有"子安观音"，亦为中年妇女的形象。

▶送子观音·山东高密年画·吕清溪绘

千手千眼观音的来历在《大悲心陀罗尼经》中有描述，在过去千光王静住佛时，教他受持大悲咒之后，观音菩萨便发了一个大愿，他说："若我当来，堪能利益安乐一切众生者，令我即时身生千手、千眼具足。"

这个大愿一发，果然生了千手千眼。实则这是一种大愿力大智慧的象征。

传说在中国梁武帝时代的宝志大士，曾在当时名画家张僧繇的面前现出十二面观音，妙相庄严，或慈或威，使得受了梁武帝之命来为他画像的张僧繇

▶千手观音·山东高密年画·
吕清溪绘

不能画出来（见于《梁高僧传》）。

每人都有一双眼睛、一双手，观音菩萨却有千手千眼，是从何而来的呢？

据《妙英宝卷》说：古时候有个妙庄严王，他有三个美丽的女儿。长女妙颜和次女妙香很早就出嫁了，唯有三女儿妙英不愿出嫁。

妙英从小聪明、善良，五岁能念经文，一心想皈依佛门。妙庄严王为她亲许婚事，而她毫不领情，说准备出家当尼姑。气得妙庄严王怒发冲冠，狠心割断父女之情，命令她以剑自刎。

妙英个性倔强，拔剑在手，引颈自刎，但并没有砍断她的颈项。

妙庄严王见不能伤害妙英，又命令闷死她，使她的灵魂堕入地狱。但管地狱的阎王爷对妙英公主特别开恩，使她复活于普陀山附近的一朵莲花上。她在那里生活了九年，为人治病，抢救沉船。

后来，妙庄严王患重病，全身生疮，医生开出药方，特别关照说："这药需要亲生的骨肉当药引。"妙庄严王没有儿子，长女妙颜和次女妙香都不愿作出牺牲。

妙英听到消息，为了救父王，立即赶到王宫，割下手臂肉来给父亲治病。妙庄严王病愈不久，又生眼疾。妙英公主又挖出自己的眼睛，替父亲治愈了眼病。

妙庄严王并不知道妙英割肉、挖眼为自己治病的事情，一见到三公主，就觉得有气，命令手下把她关在房中用火烧死。在熊熊烈火中，屋顶烧穿，妙英冉冉升天，成为观世音菩萨。

释迦牟尼佛得知此事，慷慨地许诺"舍一偿千"，赋予观音菩萨千手千眼。

▶千手观音·山东潍县年画

▶千手观音·江苏扬州年画

也有传说为：妙庄严王病愈后，得知女儿为了替自己治病，不惜割下臂肉和挖出眼珠，深为感动；也为自己过去对她的态度而后悔。为了纪念妙英公主，也为了祝贺女儿得道成为观音菩萨，妙庄严王命令工匠塑一尊"全手全眼观音像"。这个工匠手艺高超，但年事已高，有点耳聋，把"全手全眼"听成"千手千眼"，便塑了一尊"千手千眼观音像"。

在《观世音菩萨本行经》（后改称《香山宝卷》，作者为宋代的普明禅师）中，又有不同说法：妙庄严王求救于自己的大女儿和二女儿，二女坚决不允。一老僧告知香山有位仙长，道法高深，兴许能够救愈。妙庄严王来到香山，找到香山仙长，却大吃一惊，原来仙长为自己三女儿，但此时已修成至道。

女儿知道父亲来意后，二话没说，当即割断手臂挖掉双眼奉给妙庄严王。妙庄严王心里十分难过，遂祈求于神明，使女儿再生手眼，结果神灵有眼，女儿果然长出了手眼，且是一千只眼和一千双手。妙庄严王十分感动，令人在香山修建寺庙，专门祀奉妙善，并称之为"观音"。

《千手千眼观世音菩萨广大圆满无碍大悲心陀罗尼经》中则是另外一种说法：观世音在过去无量劫，听千光王静住如来说"广大圆满无碍大悲心陀罗尼"，便发誓要利益一切众生，于是生出千手千眼。

千手观音传入中国经历了一段波折。唐初武德年间（公元618—626年），中天竺瞿多提婆携带细毡上画像、结坛手印经本进献高祖，但"太武见而不珍"，结果该僧郁悒而归。

贞观年中（约公元638年）又有北天竺婆罗门僧持梵本奉进，唐太宗即敕令智通共梵僧翻译，随即送入内廷，未能流通。智通因而又以韬提、婆伽兄弟传本译成，至高宗永徽四年（公元653年），智通又在总持寺译出《千转观音经》《观音随心咒》等。

其随心咒法亲得三藏玄奘法师所传，据经后记，"通作此法，观世音菩萨

▶千手千眼观音·大足石刻

亲自现身"。当时随通学密法的僧人很多，影响不小。

　　而北天竺苏施伽、常州正勤寺主慧琳、居士李太一是在洛京（洛阳）传千手法的另一派。武则天时，乌杖那国达摩战陀，在洛京传千手法。据波颇所作经序，"于妙毡上画一千臂菩萨像，并本经咒进上，神皇令宫女绣成，或使匠人画出，流布天下，不堕灵姿"。

　　为何千手千眼观音在神皇武则天时代流行天下呢？这是因为武则天也是女子，也想让人们把她当神敬，观音正吻合了她为神的欲望，故而得到了她的支持。

　　这和慈禧太后的把自己当观音的心理是一样的。慈禧太后留下了大量的化装为观音的老照片，还将宫女太监等也化装为古代年画中的观音童子，伺候在她的两边，站在莲花池中的船上照观音柏。

　　流传下来的千手千眼观音在敦煌藏经洞中有北魏刺绣佛画出现，俄国所藏有观音三尊之绣像，可知从北朝至唐一直有观音绣像作品出现。唐机伽达摩译出《千手经》后，此经像才流行。

　　千手千眼之形象、姿态、持物、印相等变化很多，主要有三面、十一面等，手臂则有二、四、八、二十五手和四十手诸种，更有密匝如数做成千只手的。

千手像的法器，主要为四十正大手所持执，以示息灾、降服、祈愿、成功种种表征。

千手千眼观音眷属有二十八部众，皆为护法神，如密迹金刚力士、摩和罗王、五部净、帝释王、大辨功德天、东方天神母天、雷神、风神等。

我们在寺院中见到的千手千眼观音像，主要有两种类型。

一种是实有千手千眼，分为法身、报身和化身。法身八只手，塑得最大，手中各有一只眼睛，其中两手合掌，其余六只手各执一种法器。

报身四十只手，塑得较为细小，手中各有一只眼睛，其中两手合掌，其余三十八只手各执莲花、宝塔、玉帛、乐器或文房四宝等一种法器。

化身九百五十二只手，塑得最小，手中也各有一只眼睛，分五层或十层排列，像孔雀开屏一般有规律地往后插。

另一种是比较简化的造型。除本身双手双眼外，再加左右各有二十只手，手中各有一只眼睛，并对称地各执一种法器。每一只手一只眼各配所谓"二十五有"，四十乘以二十五等于一千，以此象征"千手千眼"。

这种以四十只手和眼睛各配三界"二十五有"的象征性做法，也有出典。

▶千手千眼观音·大足石刻局部

据佛经上讲，观音菩萨曾发誓要普度众生，而面对芸芸众生，又感到力不从心，于是分身为四十二个大慈大悲菩萨。

观音的师傅阿弥陀佛见了，一面劝慰观音不要心急，一面把四十二个分身合在一起，共留下四十二只手臂，每只手掌中长出一只眼睛。这样，除去主体的两只手臂，余下的四十只手，各配以"二十五有"，成为"千手千眼观音菩萨"。

观音菩萨长出的千手千眼也有寓意。千手表示维护众生，法力无边；千眼表示观照世间，有无穷的智慧和能力。

《千手经》认为观音菩萨有千手千眼，是为了"度一切众生，毫无阻拦"。佛教艺术家运用浪漫主义的夸张手法，表现了观音菩萨神奇的魔力。

▶杨枝观音·江苏桃花坞年画

▶杨枝观音·河北武强年画

杨枝观音

《请观音经》中记载：有一年，毗舍离国流行一种可怕的瘟疫，但凡发病者，早晨起病，晚上即死，根本无法救治。

这个国家有一位长者，名叫月盖。这天，月盖找到佛，他对佛说："希望世尊慈悲为怀，救济病苦。"

佛听了，说："离这里不远的正西方，有一位佛，名叫无量寿佛，此外还有两位菩萨，一位名叫观世音，一位名叫大势至，长久以来就有大慈大悲之心，常常救济苦难之人。你现在快快去请无量寿佛以及二位菩萨救护苍生。"

毗舍离国人民当即准备了杨枝和净水，感激万分地献给观世音菩萨。

观世音菩萨接过杨枝和净水说："你们应当一心称念南无佛，南无法，南无僧，南无观世音菩萨，大悲大名称，救护受苦受难者。"

观世音菩萨演说十方诸佛救护众生神咒，毗舍离国的人民全都恢复了健康。后来人们为观世音菩萨造塑像的时候，菩萨手里就总是拿着杨枝和净水宝瓶。

杨枝观音后来传到中国后，传说唐朝宰相、名画家阎立本年轻时画了一幅普陀观音大士画像。画里的观音菩萨，头戴珠冠，身穿锦袍，酥胸微袒，玉趾全露，右手执杨枝，左手托净瓶，真是栩栩如生。到了明代，这幅画为杨枝庵的当家和尚所珍藏。老和尚十分爱惜此画，一直供奉在后院禅房里，轻易不肯让人欣赏。

▶ 杨枝观音·河北武强年画

一天，有个老石匠找到杨枝庵，对当家和尚讲："倘若法师愿意，我可依照宝图刻成观音石碑，这样可在大殿供奉，让众生瞻仰，不必担心损坏。"

当家和尚听了，喜上眉梢，合十致谢。于是，老石匠找来一块长方形青石碑，参照观音图像，刻成了杨枝观音碑。当家和尚口颂佛号，谢了再谢，高高兴兴地将此碑供奉在大殿上。从此，杨枝庵更出名了，来朝拜的香客也越来越多。

谁知乐极生悲，一场大火把杨枝庵烧得精光。那幅名画自然片纸无存，连杨枝观音碑都不知去向。

原来那天夜里，一群倭寇偷偷窜进大殿，偷走了那块观音碑，又一把火烧了杨枝庵。

倭寇偷了观音碑，装上海盗船，扬帆而去，可是驶来驶去，就是驶不出莲花洋。倭寇十分惊异，忙点燃风灯欲辨方向。突然，风起浪涌，海盗船剧烈摇晃起来。几个倭寇怕石碑有失，急忙伸手欲抱，却像火烫似的惊叫起来。

▶ 杨枝观音·山东杨家埠年画·和兴永出品

原来石碑上面，杨枝观音的图像似乎活了，时而怒目相对，时而梵相全失。这些杀人越货的倭寇得罪了杨枝观音，跪在石碑前，叩头不止。不料，一个大浪头打来，观音石碑飞

落海中。

杨枝庵当家和尚看着一下子就失去了宝图、石碑和庵堂，伤心落泪，他走到南天门盘腿默坐。突然，海上浪开莲台烘托，前映玉阶丹樨，后衬琼楼凤阁，向南天门徐徐而来。那石碑上的观音梵相，清晰可见，两条衣带仿佛徐徐飘动。

当家和尚急忙吩咐众弟子，一律身穿袈裟，手持清香，口诵佛号，顶礼膜拜，迎接杨枝观音碑归来。杨枝庵重建后，又把杨枝观音碑迎回原处供奉。

▶赤脚观音·四川绵竹年画·李方福出品

赤脚观音

关于赤脚观音，也有一个动人的传说。

传说普陀山原是个蛇岛，观音大士斗败蛇王、赶走蛇子蛇孙后，找到了一个山洞，要在这里落脚居住。土地菩萨闻讯赶来帮忙，凿石担土，百鸟飞来协助，

叼走蜈蚣。山洞整修好了，后人称它为观音洞。

观音为了整修这个山洞，忙得浑身泥灰，她走出山洞，来到盘陀石，看见附近有只大石盆，满盆清水飘出阵阵香气。这只石盆，本是瑶池白玉盆，因为被织女星产子用过，王母娘娘嫌其不干净，才将它丢出天庭，跌落在此。观音急于冲洗，顾不得细看，便解衣宽带，脱鞋去袜，坐进石盆洗了起来。

稍顷，只见海水发黄，千万个浪头向普陀山汹涌而来，观音一看，是东海鳌鱼作怪，便轻轻一挥玉臂，挂起漫天烟云水气，将鳌鱼拦在莲花洋外。

青蛇忍俊不禁，"扑嗤"一声笑了出来。观音

▶赤脚观音·四川绵竹年画·陈兴才出品

大怒，顺手拿起一只鞋子掷了过去，把青蛇的左眼打瞎了。青蛇掩面忍痛，也不逃走，只是伤心地抽泣着。观音后来知道错怪了他，动了慈悲之心，拾起另一只鞋子，抛向莲花洋，变成一只西方船，超青蛇上天去了。

观音洗好澡，穿上衣服，才发现两只鞋子都没有了，便坐在盘陀石上发愁。继而一想，笑了："普陀山既是佛国净地，赤脚而行无可非议！"

她跳下盘陀石，赤脚走回观音院。从此以后，"赤脚观音"就叫开了，塑出来的观音佛像也是赤着脚的，民间年画中渐渐也有了大量的"赤脚观音"形象。

▶ 赤脚观音·山东潍县
年画·张殿英出品

鱼篮观音

传说宋朝时，蔡襄贬为泉州知府，当时，泉州洛阳江，时常有人渡江时溺毙，发愿兴建万安桥（洛阳桥）。于是，观音菩萨化身为一位手提鱼篮的少女，向公众筹募建桥经费，该化身被称为"鱼篮观音"。

关于鱼篮观音还有一个传说。一天，观音菩萨清早起来，既不梳妆又不登台说法，独自一人躲在紫竹林里不出来。守山的二十四路天神都来向龙女打听，问菩萨在干啥，龙女说在削竹子。

不一会儿，悟空来不及跟诸路山神打招呼，一头闯进紫竹林。原来孙悟空和八戒、沙僧保护唐僧去西天取经，路过通天河，唐僧被那里的妖怪捉去关在石匣之中，性命难

▶ 由鱼篮观音变化而来的吉祥
年画·山东高密年画·吕清溪绘

▶ 通天河·陕西凤翔年画·清版

保。悟空不知妖怪底细，难以降伏，特来求菩萨指教。

　　观音手里提着一样东西走出林来，原来是一只竹篮！

　　"悟空，快快随我去救唐僧要紧！"

　　悟空赶紧随光臂赤脚的观音驾云腾空而去。不一刻，来到通天河上，八戒、沙僧上前叩见菩萨。

　　观音站在高处，解下一根束腰的丝绦，丝绦的一头牵在手中，另一头拴住篮子，"扑通"一声，将篮子丢进河里。然后，拉着丝绦，将沉入河中的篮子慢慢往上游方向牵引，一边口中念道："死的去，活的住！死的去，活的住！"这样念了七遍之后，猛地提起篮子，一条金光闪闪、摇尾鼓鳃的大鱼在竹篮里挣扎。

　　观音笑笑对悟空说："这是我养在莲花池里的一条金鱼，因它每日浮头听经，得了道行，将一枝未开的莲花运炼成一柄九瓣铜锤，逃出莲池来到通天河兴妖作怪。我本不知此事，今朝起来在池边扶栏看花，不见金鱼前来参拜，掐指一算才知闯了祸，故而连梳洗也来不及，就去削篾编篮，等着你一起来降妖。"

通天河周围的百姓都赶来瞻仰观音的丰采，其中有会画画的，把观音当时的形象画了下来。这画像留传后世，被人们叫作"鱼篮观音"。

▶ 慈航真人·山东潍县年画

慈航真人

观音也叫慈航真人，在典籍中多有记载。

（1）据《历代神仙通鉴》卷记载：普陀落伽岩潮音洞中有一女真，相传商朝时修道于此，已得神通至道，发愿欲度世间男女。尝以丹药及甘露水济人，南海人称之曰"慈航大士"。

（2）据李善注引道教《灵宝经》曰：禅黎世界坠王有女，字妙音。年至四岁仍不言，王怪之，乃弃于南浮桑之阿空山之中。女无粮，常日咽气，引月服精，自然充饱。忽与神人会于丹陵之舍，柏林之下。妙音右手题赤石之上。语妙音：汝虽不能言，可忆此文也。遣朱宫灵童，下教妙音治弟之术，授其采书入字之音，于是能言。于山出，还在国中。国中大枯旱，地下生火，人民焦燎，死者过半。穿地取水，百丈无泉。王却惧。女显其真，为王仰啸，天降洪水，至十丈。于是化形隐影而去。

人们据此称妙音为"慈航真人"。

观音的其他形象

在佛教各种菩萨像中，观音菩萨像的形象众多，这与观音有各种化身的说法有关。

一般来说，当他作为西方三尊之一，与大势至菩萨一起随侍于阿弥陀佛像身边时，这时的观

▶ 持莲观音·明清·孤品·局部

▶ 合掌观音·明清·孤品·局部

音菩萨头戴宝冠，冠上有阿弥陀佛像，其他形象及衣物装饰则与别的菩萨像没有显著差别。

观音的形象主要有四种：

如意观音，右手持如意，象征事事如意，立于莲花上，安定人心。

持莲观音，两手持莲茎，内心世界圆觉无碍，远离欲望。

合掌观音，现婆罗门身而为说法。观音合掌微笑，耐心倾听，尊重他人。

持经观音，即声闻观音，声闻是闻佛音教导而开悟，以其大愿，引导众生开大智慧。

不同的佛教宗派，所传的观音名称、形象都有区别。比如天台宗和密宗，都有"六观音""七观音"之说；日本真言宗有"八观音"之说；密宗还有"三十二身""四十八臂观音"及"千手千眼观音"等称谓。

天台宗所传的"六观音"是：一、大悲观音；二、大慈观音；三、师子无畏观音；四、大光普照观音；五、天人丈夫观音；六、大梵深远观音。

密宗所传的"六观音"是：一、千手千眼观音；二、圣观音；三、马头观音；四、十一面观音；五、准胝观音；六、如意轮观音。

在密宗中，观音的形象还有四臂观音、三十三观音等。其中提篮观音、送子观音也属于密宗中的观音形象。

据佛门解释，各派的不同说法是不矛盾的，是可以融合的。他们解释，天台宗的大悲观音即千手千眼观音，有千手千眼，表示度一切众生，广大圆满而无碍之义，所以其身份与佛相同。供养这一菩萨，还可以得到息灾、增益、敬爱、降伏等四种成就法，可以破"地狱道"三障（指烦恼障、业障、报障）。

大慈观音即圣观音，是观音的标准像，一首二臂，可以破"饿鬼道"三障。

▶ 观音像·明清·孤品·局部

▶ 观音·明·孤品

师子无畏观音即马头观音，是观音的自性身，以马置于头，可以破"畜生道"三障。

大光普照观音即十一面观音，具有十一个颜面，可以破"修罗道"三障。

天人丈夫观音即准胝观音，有三目十八臂，可以破"人道"三障。

大梵深远观音即如意轮观音，有六臂，可以破"天道"三障。

六观音还可解救六道轮回之众生：千手观音即对应大悲观音，能破地狱道之障；圣观音即对应大慈观音，能饿鬼道之障；马头观音即对应狮子无畏观音，能破畜生道之障；十一面观音即对应大光普照观音，能破阿修罗道之障；准胝观音即对应天人丈夫观音，能解救人道之众生；如意轮邓对应于大梵深远观音，可解天道之苦。

观音形象生化万千，从千手观音的四十只大手中，又应生而成了四十观音。四十观音归五部五法各有八手、成四十真言法。如佛部息灾法中，有化佛和不离观音、　索手持索观音、施无畏手开除怖及杨柳手药王观音等。

而金刚部调伏法中，有三锁手金刚观音、独锁手镇难观音、日摩手镇难观音、日摩尼手日精观音、月摩尼手月精观音等；宝部增益法中，有如意珠手与

愿观音、宝印手宝终观音、宝经手般若观音等。

由于观音应现及其形象的差异，在许多佛典中，就有好多不同的数量分类。

《摩诃止观》卷二上，举出六种观音：大悲观世音、大慈观世音、天人丈夫观世音、大梵深远观世音、师子无畏观世音和大光普照观世音。

《诸尊真言义抄》，举有十五种观音。

《千光眼观自在菩萨秘密经》，举有二十五种观音。

《佛像图汇》中，有三十三种观音像。

▶ 三观音·云南昆明纸马

在《楞严经》卷六中，有四臂、六臂、八臂、十臂、十二臂、十四臂，乃至四十臂、一百八臂、千臂、万臂、八万四千臂；二目、三目、四目、九目，乃至一百八目、千目、万目、八万四千清净宝目。

观音的形象众多，但佛教一般把"圣观音"作为诸观音的总体代表。

为何观音有如此多的形象呢？根据佛经上所说，观世音菩萨可以随机应变出种种化身，前往拯救众生的苦难。菩萨可以变作帝王，也可以变作乞丐；可以变作白发苍苍的老人，也可以变作天真烂漫的儿童；可以变作高大雄壮的男子汉，也可以变作娇柔妩媚的美妇人；可以变作威风凛凛的武将，也可以变作文质彬彬的学者。

观音的千变万化，正体现了中国人的实用功利精神和中国文化左右逢源的灵活多样性。

民间艺术中的观音像

▶ 观音·明清·孤品

中国古代民间绘画和艺术品中的观音像以唐代观音画像为代表，一般是"圣观音"，亦即"正观音"。这是观音菩萨的"标准像"：观音神态庄严、雍容，头戴香宝冠，身披天衣，腰束贴体罗裙或锦裙。观音健美的面庞和体态，反映出唐代贵族妇女和女艺术家的形象；观音华丽的衣裙和首饰，体现了唐代上层妇女的时装和古印度贵族装饰的融合。

吴承恩在《西游记》中，对观音菩萨仪容和装束的描写十分传神，具有浓厚的民族色彩。如第八回《我佛造经传极乐观音奉旨上长安》描述观音的形象是："璎珞垂珠翠，香环结宝明。乌云巧迭盘龙髻，绣带轻飘彩凤翎。碧玉纽，素罗袍，祥光笼罩；锦绒裙，金落索，瑞气遮迎。眉如小月，眼似双星。玉面天生喜，朱唇一点红。"

吴承恩笔下的观世音菩萨，无论是容貌还是衣饰，都十分美丽，记载了当时民间绘画中观音像的形象。

古代民间艺术中的观音像，都是容貌端庄、衣饰华丽、造型优美，既有菩萨的慈祥，也有女性的柔美。

观音美丽的装束使人肃然起敬，但未经打扮的容貌又是怎样的呢?

吴承恩在《西游记》第四十九回《三藏有灾沉水底，观音救难现鱼篮》中，将观音清早起身，即在紫竹林中做竹篮的形态，描绘得惟妙惟肖：

▶ 持经观音·清·孤品　　　　▶ 如意观音·清·孤品

▶ 滴水观音·清·孤品

"懒散怕梳妆，容颜多绰约。散挽一窝丝，未曾戴璎珞。不挂素蓝袍，贴身小袄缚。漫腰束锦裙，赤了一双脚。披肩绣带无，精光两臂膊。玉手执钢刀，正把竹皮削。"

这个形象，与世间妇女相距不远了，是当时民间艺人描绘的富有人情味观音的形象，也为后世艺人描绘世俗性的观音形象提供了摹本。

在佛教造像中，观音菩萨头戴宝冠，冠上有阿弥陀佛像。其他形象及衣物装饰则与别的菩萨像没有多大差别。中国佛教寺院中，在大雄宝殿供奉的主尊背后，常常有立于大海之中、鳌头之上的观音菩萨像。这是依据佛经所说，观音菩萨说法道场在南海之中的普陀洛伽山而创作。此时的观音菩萨，大多被塑成一位中国古代仕女的形象，如上海的玉佛寺、杭州的灵隐寺等。

有时在观音像旁，还塑有一个小小的童

子像，童子面向观音菩萨，双手合十，这就是所谓的"童子拜观音"。这是按《华严经·入法界品》中所说，善财童子由文殊菩萨指点，先后参拜五十三位善知识，而其中第二十七位即是观音菩萨。这种像在中国民间十分流行。

观音菩萨像在中国长期流传过程中，发生了种种演变，中国的老百姓按自己的愿望和喜好，塑造了许多富有中国精神和民族特点、符合中国人的审美心理和情趣的观音像，例如马朗妇观音、白衣观音、杨枝观音等。

宋代以后更出现了按中国古代仕女形象而创作出来的观音菩萨像，这种类型的像成了观音菩萨像的主流，以至观音菩萨有着"东方维纳斯"的美誉。

中国古代大大小小的观音庙、观音堂、观音洞，都可以看到名不见经传的平民石匠雕刻出的各种姿态的观音形象，看到阎立本、吴道子、颜辉、牧溪等名师画家集中民间想象而妙笔生花勾勒出的观音，特别是民间年画中的大量观音画，使我们的心灵感到平和、温厚、亲切，感到观音无处不在，观音信仰正是通过民间年画等民间艺术深入人心的。

观世音菩萨释意

观世音菩萨在梵文佛经中称为阿缚卢枳帝湿伐逻（Avalokitesvara），在中文佛典中的译名，有好几种，竺法护译为光世音，鸠摩罗什的旧译为观世音，玄奘的新译为观自在，中国通用的则为罗什的旧译。

唐朝时因避唐太宗李世民的讳，略去世字，简称观音。但照梵文原义，尚可译作观世自在、观世音自在、窥音、现音声、圣观音等。

梵文意译，又称光世音、观自在、观世自在等，意思是"观照世间众生痛苦中称念观音名号的悲苦之声"。全称尊号是"大慈大悲救苦救难观世音菩萨"，或称"南无广大灵感大慈大悲观

▶ 白衣观音·山西平阳年画

世音菩萨"。

观音菩萨与文殊菩萨、普贤菩萨、地藏菩萨一起，被称为四大菩萨。观音菩萨在佛教诸菩萨中，位居各大菩萨之首，是我国佛教信徒最崇奉的菩萨，拥有的信徒最多，影响最大。其名头也最多，除了"圣观音"外，其他如"杨柳观音""水月观音""白衣观音""延命观音""滴水观音""送子观音"等。

▶白衣观音·山西平阳年画

观世音的名字蕴涵了菩萨大慈大悲济世的功德和思想。据《妙法莲华经》记载，"若有无量百千万亿众生受诸苦恼，闻是观世音菩萨，一心称名，观世音菩萨即时观其音声，皆得解脱"。

依据自利功德释观世音三字，观是能观智，包括一心三观之智，世音是所观之境，包括一境三谛之理。菩萨以一心三观之智，观于一境三谛之理，圆观圆证，自在无碍，因名观世音自在。

根据利他功德释，观是教，世音是机，教指菩萨寻声救苦的大悲心，机指九法界众生，称念菩萨圣号或悲哀求救之音声。因菩萨能兴慈运悲，拔苦与乐，普门示现，自在无碍，故名观世音自在。

自利是智，利他是悲，菩萨依智能之体，起慈悲之用，遍观法界众生，随其机缘，拔苦与乐，自由自在，无所障碍，因名观世音。亦名观自在。

为什么观世音又名为观自在？根据梵文阿缚卢枳帝湿伐逻的原义，含有观照万法而任运自在的意思。

据《太虚全书·杂藏》，太虚大师说：因为观世音菩萨有般若的智慧，照见五蕴皆空，所以能救苦救难。平常人执五蕴为世界、为我，就不能照见五蕴皆空，有自、有他、有人、有我。

要能照见五蕴皆空，则人我、是非皆能消除。真正做到无人无我，则能以众人苦难为苦难，这样才能成就大慈大悲，才能成就大公无私的伟大人格，发挥救苦救难的作用。

其实，观世音即是观自在，观自在亦即是观世音，而大悲心陀罗尼经，世尊则名之为观世音自在。

▶南无广大灵感大慈大悲观世音
菩萨·山西平阳年画·郑月巴作

观世音菩萨的意思，有自修和度他两种解释：

（1）《楞严经》卷六所说这位菩萨最初的修行方法，是耳根不向外闻，而是向内自闻耳根中能闻的闻性，由此做到动静二相，了然不生。不若一般人的耳根是向外分别声音，致受外境赞叹或诽谤等所动，生起贪、嗔、痴、爱、恶等烦恼，促成杀、盗、淫、妄恶业，再受轮转生死的苦报。若能观察分析世间音声之虚妄不实，而不受一切歪境干扰、影响，就能入于大解脱境。

（2）《法华经·普门品》所说：若有无量百千万亿众生，受诸苦恼，闻是观世音菩萨，一心称名。观世音菩萨，即时观其音声，皆得解脱。

也就是说，凡有众生，若在苦恼之时，只要听说过观世音菩萨，并能虔诚地称念观音圣号，观音菩萨便会立即听到每一众生的音声而即时予以救济，所以叫做观世音。

《悲华经》中也说，宝藏佛授记云：汝观众生，生大悲心，欲断众生诸苦恼故，欲众生住安乐故，今当字汝，为观世音。

可见，《楞严经》是依观音法门的自修而言，而《法华经》（普门品）及《悲华经》则是依观音菩萨度他而言。

也有人说，观世音菩萨这个名字是一个翻译错误，其本意就应是"观自在菩萨"，这个错误是由唐玄奘发现的，但是人们已经将"观世音"一词熟悉，无法改变，因此至今为止就用的是"观世音菩萨"，但从它的梵文意译，应为"观自在"。

▶观音·清·孤品

观音的来历

观音来自何处，有多种说法。主要来源除了《妙英宝卷》中妙英救父亲妙庄严王的故事等，还有如下说法。

其一，观音为阿弥陀佛之子

《悲华经》称观音为善男子，其父为西方安乐世界无量寿佛，即西方极乐世界的阿弥陀佛。

其二，观音为是转轮圣王无净念的太子

▶ 持莲观音·明清·孤品

《悲华经》上说，观音原来是转轮王的儿子，名叫不煦。他曾与父亲一起跟随释迦牟尼出家修道，发誓"要排除众生一切苦恼。苦难众生，只要一心念我的名字，我就能即时观其声音，帮他脱离苦海。"

释迦牟尼为不煦的决心所感动，亲自为他授记："善男子，你要拯救三恶道一切众生，断除众生烦恼，使他们往生乐土。善男子！我就给你取名观世音。"

《华严经》中称他为"勇猛丈夫观自在"。

▶ 观音·清·孤品

其三，是协助阿弥陀佛弘扬佛法的大菩萨

根据大乘经典介绍，观音菩萨是十万亿佛士外，极乐世界阿弥陀佛左右的两大菩萨之一，同时亦是协助阿弥陀佛弘扬佛法的大菩萨。

走进阿弥陀佛为主的殿堂里，可以看到他的身

▶ 持莲观音局部

旁立着两尊菩萨。左边为观世音，右边为大势至。《大阿弥陀经·光明大小分》云："阿弥陀佛有二菩萨，皆为第一，一名观世音，一名大势至，常在佛侧，常住他方。"

因此，有人说他是西方极乐世界中的一位具有大慈悲大智慧的伟大菩萨，而不必在这娑婆世界指出他一个确实诞生的地方。

▶ 莲花观音·山东高密
年画·吕清溪绘

其四，观音由人转化而来

日本有这样一个具有民间色彩的传说：

早离和即离，是一对小兄弟，父母死后，被恶人扔到一个荒岛上，行将饿死，弟弟即离口发怨言。早离说："我们被人欺骗，是可悲的，对饥饿、疲累的痛苦，也深深领受了。有过这样痛苦的体验，我们就会懂得这样的道理，如果能再次生活在世上，一定要援救同样不幸的人们。"兄弟二人心怀此念，平静死去，成为观世音、大势至两菩萨。

其五，婆罗门教认为观音是神马驹

传说观世音最初的艺术原型是古印度婆罗门教中一对可爱的孪生小马驹，所以又叫双马童神。佛教产生后，其艺术形象变为一匹小马驹，名称"马头观世音"，为一慈眉善目的菩萨。

古代印度信奉的婆罗门教约成教于公元前7世纪，以《吠陀》为最古经典，信仰多神。所以婆罗门教里的观世音并不是人，而是孪生的马驹双马童神。印度古代婆罗门教视双马童神为善神，神力很大，可使盲人复明、公牛产乳、朽木开花、不育女子生子。

释迦牟尼创立了佛教，佛教把这位善神纳入自己的体系，成为马头观音或马头明王，以马置于头，故名为观世音的自性身。

▶ 观世音·河北武强年画

其六，观音为莲花所化生

据《铸鼎余闻》卷四引称昙谟竭译《观世音得大势受记经》称："左右二莲花生二子，左名宝意，即是观世音，右名宝尚，即是得大势至。"

这里说莲花化生出观音及大势至。

其七，观音为西藏国王松赞干布的化身

西藏国王松赞干布亦被视为观世音菩萨的化身，传说他一出生则有三十二种相好，头上更有一尊阿弥陀佛像。他所迎娶的尼泊尔妃子则被认为是白度母的化身，文成公主则为绿度母的化身。达赖喇嘛亦被视为观世音菩萨的化身。

其八，观音为绿度母与白度母的化身

根据《度母本源记》所载，观世音菩萨见众生难以救度，不禁左眼流下了一滴眼泪，化为绿度母，右眼流下了一滴眼泪，则化为白度母。绿度母与白度母均被视为观世音菩萨的化身。

观音菩萨的住处

观音菩萨的住处更正式的说法是观音道场，也称为弘法道场、行化道场，大体可以分为两种：根本道场与化现道场。

根本道场，是指极乐世界说的，因为观音是极乐世界的大菩萨。这一根本道场，凡为佛子，都是信得过的，不会对它发生怀疑。

化现道场，在十方所有世界中，凡有观音菩萨教化的地方，即有观音菩萨化现的道场。这么一来，其道场是很多的，处处是观音道场。

在娑婆世界，华严经中说，在印度南部

▶观世音·河北武强年画

靠大海边，有座普陀落伽山，是观音菩萨在这娑婆世界最初示现的道场。

普陀落迦山，梵文Potalaka，音译补陀落迦山，或补怛洛迦山。

因此山位于海岛，岛上满布小白华，清香美丽，也有人译为海岛山，或小白华山，又名光明山。观音菩萨住此山中，常放光明，表示大悲光明，普门示现，因而得名。

传说中的普陀落迦山共有三处。

第一处是印度补怛洛伽山

华严经说：于此南方有山，名补怛洛伽山，彼有菩萨名观世音自在。又云：海上有山多圣贤，聚宝所成极清净，华果树林香遍满，众流池沼悉具足，勇猛丈夫观自在，为利众生住此山，汝应往问诸功德，彼当示汝大方便。善财童子受教向南而行，渐至此山：见其山岩谷之中，泉流萦映，树林翡郁，香草柔软右旋布地，观自在菩萨，于金刚宝石上，结跏趺坐，无量菩萨，皆坐宝石，恭敬围绕，而为宣说大慈悲法。

唐三藏玄奘法师之西游记中，亦有记述：此山山径危险，岩谷崎岖，山顶有池，其水澄清如镜。有大河绕山，周流二十匝，入南海，池侧有石天宫，观世音菩萨往来其间。其有愿见菩萨者，不顾身命，涉水登山，忘其危险，但能到此山者甚少。

山下居人，虔心求见菩萨，则菩萨或现自在天身，或现涂灰外道身，慰喻此人，得遂其愿。

第二处是中国普陀洛迦山

在中国浙江省舟山市普陀区，舟山群岛之一的普陀山。岛之东南有一小岛，名洛迦山，合称为普陀洛迦山，后人渐将普陀及洛迦分成两个山名。

普陀山成为中国佛教四大名山之一，是因为它是观世音菩萨的道场。在普陀山志记载：中国五代后，南北朝梁贞明二年，公元

▶ 观世音·河北武强年画

916年，日本僧人慧谔，游五台山，见一观音像，庄严殊胜，心慕不已，学成回日本时，除了带很多经书，还特别请了一尊观音菩萨像回日本供养。

▶观世音·河北武强年画

岂料船经普陀山时，海中忽涌无数铁莲花，舟不能行，如是三日三夜，慧谔惊而祷告曰：如圣像与日本众生无缘，当从所向，弟子随从所适，建寺供养。祷毕舟行，来到一个小岛，至潮音洞边即停，慧谔捧大士像离舟登岸，时岸边渔民，听慧谔说明来意，大受感动。

张氏渔翁献出住宅，让慧谔和尚供像安居（一说是慧谔在岛上搭了一间茅屋，供奉观音菩萨）。而慧谔和尚，亦成为普陀山的开山始祖。

来往于这小岛的海上人家，以及其他附近居民，常常来烧香礼拜，发生很多不可思议的灵感。于是来烧香礼拜的人越来越多，而此小岛也就一天天的发达起来，乃将原名梅岑岛的改称普陀山，此山亦成为观音菩萨道场。后来与山西五台山的文殊道场，四川峨眉山的普贤道场，安徽九华山的地藏道场，形成四大名山，而为中国佛教重镇。

普陀山名胜古迹甚多，佛教寺庵百数十座。其中位于白华顶南灵鹫峰下的普济寺，是供奉观音菩萨的主刹。开辟深邃，殿阁七重，宏伟庄严，气势非凡。其中圆通宝殿，是观世音菩萨正殿，建于清朝康熙雍正年间，内供八米多高观音圣像，四周塑有观音菩萨三十二应身。

据说乾隆皇帝下江南时，曾拜访普陀山。当其微服上山，立即被化缘和尚包围，并将所得，就地聚赌，令乾隆皇帝十分反感。

第二次下江南，再访普陀山时，和尚吸烟饮酒，喧闹不已，丑态毕露。乾隆喝问：因何不守佛门清规？竟然有人回答：此是海外家风，罗汉境界；即使皇帝在此，亦管不了。真气煞乾隆，誓必发兵捕杀；母后再三劝告，勿作杀业而毁名山，亦难息怒。

第三次下江南时，带备兵船，再访普陀。登山一看，聚赌的人数更多。

▶ 观世音·河北武强年画

乾隆心想，穷和尚何来许多银两，让我来豪赌，看你穷和尚如何赔偿。随即掏出大堆银两下注，旋即被和尚吃掉，一连数次皆输，最后将仅有银两孤注一掷，竟然输光。

乾隆气极将头上宝冠除下押上，又被一衣衫褴褛的和尚赢去，戴在头上。

乾隆盛怒之下，再脱下龙袍作为赌本。结果，又被一个女人赢去，往身上一披，并问皇帝还有何物可赌？

皇帝随即命同来官兵包围前寺，捉捕和尚。

聚赌之众，见被包围，陆续走进大殿。及军队赶到大殿，人影全无，而皇帝宝冠，却载在罗汉头上，皇帝龙袍，则披在观世音菩萨身上。

至此，乾隆始知自己所见，真是罗汉境界，菩萨神变，随即叩头谢罪，笃信佛教。

普陀山于悠悠岁月中，虽然几经兴废，于今仍然屹立不倒，游客如云，朝山者众，被菩萨感化而改邪归正，笃信佛教者无数，可见观世音菩萨卫护道场之威德神力。

第三处是西藏的布达拉宫

西藏的布达拉宫兴建年代大约在公元581年，当时宫殿规模较小，至十七世纪末叶，达赖喇嘛在位时，有一执杖僧人，名松格吉雅若，绘画宫殿改建图，于十八世纪建造成今日所见雄伟庄严的布达拉宫。

据说，布达拉宫佛殿之灵塔，金碧辉煌，上段安置纯金的观音圣像。像内部封存有传说松兹坚布教王从印度迎回佛陀时代留下的观音圣像。

西藏自古便以观音菩萨为开国之祖，而历代国王，多信仰观世音菩萨。因此西藏人在尊崇国王的同时，亦信仰观世音菩萨。

此外，有说中国热河承德的补陀洛寺，日本纪伊的补陀落，下野的日光岛，还有朝鲜的洛山，都是观世音菩萨的道场。

事实上，菩萨悲心救苦，不舍任何众生，有机则应，无感不通。然则，凡供养观世音菩萨圣像的佛教寺院，无不皆是观世音菩萨的道场。凡有苦难灾患之处，无论此界何方，皆有观世音菩萨道场。可谓圣迹处处，并不限于补陀洛迦山。

观音走进中国的过程

观音菩萨是公元前6世纪到前5世纪，佛教在印度恒河流域创建后传播而来的。在魏晋南北朝时期传入中国。

魏晋南北朝时期正是中国社会动荡的时期，一方面民族矛盾异常激烈，在东晋南朝与北方少数民族割据政权的斗争中，存在着较严重的民族压迫和民族歧视，百姓遭殃、生灵涂炭。另一方面封建统治阶级的统治日益腐朽，其制造的冤狱遍于国中，苦难的人们在传统文化面前感到迷惘和困惑。

正是由于两晋十六国和南北朝时期社会战乱相继，灾难深重，才使无数人向菩萨求救。此时观音菩萨切合中国民族精神和心灵上的需要。信仰是内心的、主观的，而一种信仰的传播是有其通俗的媒介的。

观音从印度传入中国后，在一段时间内依然是男相，如河北平泉出土的北魏太和年间的铜铸观世音菩萨立像，就是男身，形象粗犷威武，衣饰朴素。

后来男观音为什么变成了女相呢？

一种说法是唐太宗做了皇帝后，真龙天子独一无二，观世音的形象便由男相改变为女相了。又说因其名字中的"世"字与皇帝名称相同，避讳而删去，就改称为观音。

另一种观点认为，观世音像的变相更多地取

▶ 观音走进中国·明·孤品

▶观音走进中国·明·孤品

决于当时人们审美的爱好。按照佛法说法，观世音菩萨有32种应变化身，其中即有一些女身。观世音为说法需要，可以变换性别和身份。

女相更为美好亲切，因此在南北朝时期，人们已经开始把他们所喜爱的女性美赋予了心目中敬仰的观世音菩萨，女相观音便逐渐出现在寺庙之中。

到了唐朝，女性在社会上的地位日益提高，艺术家便把对女性的爱恋之情移植到观音雕像上，观音像从此固定为体态婀娜，神态妖媚，服饰华丽，富有风韵的女相形象了。

现在我们所见的观音像，通常是脚踏仰莲莲座，左手拿着净瓶，右手持杨枝，面露微笑，似乎正在把瓶中甘露洒向人间，把幸福带给人类。

观音信仰走进中国的传播，主要依靠两种方式。

其一是大量造像

观音信仰的传播是以福报的现世利益来打动中国的信仰者的。《大正大藏经》卷四载，由于波塞奇王画了八万四千幅弗沙佛像，仅此功德就成了现世的释迦牟尼佛。这对于信仰者很有说服力。

《佛说大乘造像功德经》一再吹嘘造做佛像的好处，而且说不论质料、不论大小，哪怕一拇指大小的佛像，只要"能令见者知是尊容"，就可以得到福报。

在造像风行的时代，世界上现存最大的石雕

▶观音走进中国·明·孤品

观音菩萨像出现在中国，在重庆大足宝顶山上。这是一尊千手千眼观音像，雕刻于南宋年间。观音结跏趺坐，莲座下面塑有金刚力士使劲地抬着，象征不可动摇。观音面如皓月，头戴天冠，胸佩璎珞，静默沉思，略带微笑。额上有慧眼一只，胸前双手合十，头顶上双手捧佛，身躯周围有手40只，皆有手臂；其余的手像光芒四射，每只手中各有一眼。千手铺设在88平方米的石崖上，整个构图如孔雀开屏，气势磅礴，面容慈祥感人。

▶ 观音·山东高密年画

其二是观音经典的大量翻译

汉代以后，佛教由陆上丝绸之路和海上丝绸之路涌入中国。许多印度和西域的和尚来中国传经布典，中国人出家的也渐多，甚至长途跋涉到西域和印度去求学取经。其间著名的僧人有法护、佛图澄、道安、慧远、坞摩罗什、姚兴等。

《晋书》卷一一七载：兴既托意于佛道，公卿以下，莫不钦附。沙门自远而至者五千余人，起浮图于永贵里，立波若台于中宫，沙门坐禅者千数，州郡化之，事佛者十室而九焉。

《法华经》中的《观世音菩萨普汀品》（被称为《观世音经》，亦作《普门品》）是有关观音菩萨的主要经典。此外，还有东晋佛陀跋陀罗译的《华严经·人法界品》、东晋难提译的《请观世音菩萨消伏毒害陀罗尼咒经》（简称《请观世音经》）。

南北朝时期随着佛教的弘法，对观音经典的译著有增无衰。北宋县无忏译的《悲华经》、刘宋昙无漠遏译的《观世音得大势受（记）经》、刘宋良耶舍译的《观世量寿经》等。

随着观音信仰的流传，中国内地出现了一大批被佛教列为伪经的有关观音的经典，这些经典不来自印度佛经的直译，是受佛教经典的影响而由中国僧人编纂的。其中主要有：《观世音三昧经》一卷、《新观世音经》一卷、《日藏观世音经》一卷、《弥勒下生观世音施珠宝经》一卷、《观世音咏托生经》一卷、《高王观世音经》一卷、《观世音十大愿经》一卷、《弥勒下生遗观音大

势至劝化众生舍恶作善寿乐经》一卷等。

就这样，观音自西而来，越过喜马拉雅山，穿过青藏高原，随着丝绸之路来到了古老的中国大地。中国接受了观音，观音在中国本土经过改造，在与中国传统的本土文化相碰撞、相交流、相融合的过程中，扎下深深的根脉，中国人信仰观音的过程就是把观音中国化的过程。因此在华夏文化史上形成了独具特色的观音信仰文化。

▶菩萨保平安·山东潍县年画

观世音的六字真言

到西藏等地佛寺，常听见佛徒念六字真言或称"六字大明咒"，即"唵嘛呢呗咪吽"，这是梵文，汉字音译为：唵（ōng）嘛（mǎ）呢（nī）叭（bēi）咪（mēi）吽（hōng）。

六字真言到底是什么意思呢？

六字真言是藏传佛教中最尊崇的一句咒语，密宗认为这是秘密莲花部的根本真言，也即莲花部观世音的真实言教，故称六字真言。

六字大明咒是大慈大悲观世音菩萨咒，象征诸菩萨的慈悲与加持。念诵该咒即特别祈请大悲观世音菩萨的加持。

六字大明咒是"唵啊吽"三字的扩展，佛教认为其内涵异常丰富、奥妙无穷、至高无上，蕴藏了宇宙中的大能力、大智慧、大慈悲。

该咒是观世音菩萨的微妙本心。佛教认为常持诵六字大明咒，可以消除病苦、刑罚、非时死之恐惧，寿命增加，财富充盈。

▶莲花观音·山东潍县年画 ▶莲花观音·山东高密年画

所以，在藏区常常可以看到人们手摇转经筒，口诵"六字真言"的景象。

观音信仰的虚妄

中国传统哲学讲究适度，失度则不美，过度则谬误，包括宗教信仰，过度也会变成虚妄。

观音信仰也要正确认识和对待。总体来说，观音信仰是教人向善的，这是观音信仰积极的一面。

然而，信仰本来就是精神的东西，正如对任何事情过度痴迷不悟都会带来副作用一样，失去科学判断和常理知识，过度相信和盲目相信就会成为迷信，从这个角度看，盲目的观音信仰也有虚妄之处。

如《大悲心陀罗尼经》中，要求每一个人必须要把脑子里边的垃圾收拾干净，不要有过多妄想，不要有过多的贪心，不要有过多的嗔心，不要有过多的痴心。把贪、嗔、痴垃圾收拾干净，把自己这些不干净的东西，都丢到外边去，然后再装上甘露法水，才能清净地得到法的力量。

▶ 观音·山西平阳年画

这些要求都没有错，是人生哲理和格言。

然而，在讲到千手千眼时，就有问题了。有人说，只要修大悲陀罗尼，就能得到千手千眼。对此，我们可以分析之。

千手千眼有什么用呢？我们每一个人有两只手、两只眼睛，已经很好了。两只手可以拿东西，两只眼睛可以看东西，要那么多只眼有什么用？要那么多只手干什么？

▶ 观音·云南通海纸马

▶千手观音·河北武强年画·清版

观音信仰者称，眼睛只可以看十里、二十里路，若用望远镜可看一百里路，再望远了，目力就达不到。而有了千眼，百里、千里、万里都可以看得见，尽虚空、遍法界，不用看电视就可以知道航天员在月球上走路。

不单这样，有了千眼，前边能看见后边，后边又可以看见前边。信仰者还写诗说："脑后见腮擒鸥子，顶门具眼捉飞熊。"

千手也是这样。传教者以最具说服力的拿钱为例子，说你有两只手，可以拿十万块钱；我有一千只手，就可以拿一万万块钱攒在手里。

还有救人也更富有迷惑力，说一千个人掉到海里，你有两只手，这只手救一个，那只手救一个，只能救两个人。若有千手，把一千只手往海里一伸，就能把这一千个要淹死的人都给提上来。

所谓千眼照见，千耳遥闻，千手护持，其中千手是护持众生的，哪一个众生有什么苦恼，你有一千只手，就伸一只手把他救出苦海。

千手千眼本来就违反科学，是不可能的，但解释到这一千只手、一千只眼睛究竟从什么地方来的，观音信仰者就更虚无缥缈了，他们说是从大悲咒里生出来的。只要念大悲咒、修大悲法、修四十二手，四十二手最后的总摄千臂手，你诵一遍咒，手就多出来四十二只。一遍四十二，十遍就四百二十，一百遍就四千二百，你若诵一千遍，就有四万二千只手，也有四万二千那么多只眼睛，就看你肯不肯修行！

观音信仰者诱导人们修行获得千手千眼的方法也是虚妄的，他们说，修得千手千眼不是一朝一夕能成就的，需要天天不间断用功，天天依法修行，这样就能成就这种不可思议的妙用。

显然，这是不可能成功的，除非在现代科技

▶观音居诸神之上·广东佛山
武强年画

克隆技术中克隆出这样的人来。但千手千眼也已不是人了，而是畸形儿，是变态者，是怪物。

似乎观音信仰传教者已经准备了谎言的退路，面对他们自己也知道显然不能成功的事情，他们找到一条为自己说教开脱的理由：你若不真真实实去用功，那是不会成就的。

不能成功并非不可能，而是你不用功，你看，他轻轻巧巧的一句话，把责任推脱得干干净净。这才正是虚妄的终结。

尽管过度的观音信仰有荒谬之处，然而作为民俗，这些荒谬又无可非议，并不能抹杀观音是最富有中国特色的菩萨，民间对她的崇信远在其他诸佛神之上的现实。

▶ 观音坐镇·广东佛山武强年画

观音作为民间信仰的核心，在《西游记》中体现得最清楚。照理在民间信仰的神系中，玉皇大帝应排在第一位，但人们对观音的信仰，远远超过玉皇大帝。

我国对观音的信仰最为普遍，至迟在宋代已有家家观世音的说法，元明清以至于近代，对观音的信仰有增无减，实际上已经成了民间佛教乃至整个民间信仰的精神核心。

▶ 观音·山东高密年画·清

第四章

钟馗：驱邪逐魔精神的另类张扬

榴花吐焰菖蒲碧，画图一幅生虚白。
绿袍乌帽吉莫靴，知是终南山里客。
眼如点漆发如虬，唇如腥红髯如戟。
看澈人间索索徒，不食烟霞食鬼伯。
何年留影在人间，处处端阳驱历疫。
　　——清卢毓嵩钟馗诗

如果说关公代表了忠义信的儒家正统精神，那么钟馗则代表了中国人精神中旁门左道的另一种精神，这就是逐魔除鬼斩妖驱邪的诉求，也是对公正平等的精神诉求，他是驱邪逐魔精神的另类张扬。

钟馗，是中国民间传说中驱鬼逐邪之神，据说他是中国古代诸神中形象最为丑陋的一位，总是与阴间恶鬼相伴为伍。但人们并未因此而厌弃他，每到年节喜庆日子，人们都要张挂他的画像镇鬼祛邪。这种风俗源自唐朝持续至今，一千多年，从未间断。

钟馗的传说故事

民间传说钟馗系唐初终南山人，生得豹头环眼，铁面虬鬓，相貌奇丑；然而却是个才华横溢、满腹经纶的风流人物，平素为人刚直，不惧邪祟。

大唐德宗年间，他赴长安应试，钟馗作《瀛洲待宴》五篇，被主考官誉称"奇才"，取为贡士之首。可是殿试时，奸相卢杞竟以貌取人，迭进谗言，从而使其状元落选。钟馗一怒之下，头撞殿柱而死，震惊朝野。

于是，德宗下诏封钟馗为"驱魔大神"，遍行天下"斩妖驱邪"。

另一个故事的版本，则传钟馗的考场冤案发生在唐明皇年间，那次考场冤案后不久，唐明皇身患重病，梦中总被小鬼骚扰，无法安睡。一天深夜，

此门神融合了钟馗和天庭二十六天将之首王灵官的形象，中国传统神像往往杂糅多种形象，有时不分彼此。古代钟馗和王灵官的神像就是如此，有一个区别方法，钟馗为两目，王灵官为三目。但有时也不一定。此门神为两目，钟馗形象的成分多一些。

▶门神·明清·孤品

他梦见一个小鬼偷偷潜入宫中，盗走自己心爱的乐器，还在宫中狂呼乱叫。懊恼间，唐明皇忽见一个蓝衣身影从天而降。一把抓住小鬼，撕扯一番吞下肚去。唐明皇惊醒过来，怪病从此不治而愈。

回想梦中蓝衣人，就是那位丑陋的书生钟馗。于是请画家绘制钟馗神像，悬挂皇宫内外以求祛邪保平安。自此钟馗名声大噪，成为名扬天下的捉鬼大神。

民间流传甚广的钟馗捉鬼图，则来自《逸史》记载的一则故事。此图因画的是钟馗捉拿邪鬼的形象，使人认为含有趋吉避凶之意，故多喜之，逢年过节经常购买，挂于家中。

钟馗的形象和天庭二十六天将之首王灵官的形象很像，都是圆睁一双大大的眼睛，胡子坚挺威猛，显得性格刚烈。古代门神常常融合钟馗和王灵官的形象，同一张门神，像钟馗，也像王灵官。

两人使用的武器也类似，早期钟馗手执椎形仲葵打鬼，王灵官执鞭。其钢鞭和椎形仲葵形状相似。这也是钟馗在门神年画中的形象或许是由王灵官演变而来的依据之一。不过，后来钟馗主要使用的武器是七星剑。

钟馗常为黑面，王灵官为赤面，但有些年画中只画线条不绘脸色。也有这样的情况：钟馗为赤面，王灵官为接近黑面的深绿色面。

中国传统神像往往杂糅多种形象，有时不分彼此。古代钟馗和王灵官的神像就是如此。有一个区别方法：钟馗多为两目，王灵官为三目，但有时也不一定。笔者收藏的此类门神有两目，也有三目的，其中两目的神像为钟馗的可能性大一些。

▶ 门神钟馗·明清·孤品

钟馗来历众说纷纭

此门神三目，胸前标有"忠良"二字，传说玉帝封王灵官为豁洛元帅并赐篆"赤心忠良"四字的斗大金印，显然是标明正身了的王

▶ 门神钟馗局部

▶ 门神·明清·孤品

灵官。但从他的形象上，我们可以想象到早年执椎打鬼的钟馗形象。

鬼神观念在中国早已有之。从半坡村出土陶盆上的图案来看，鬼神观念的出现可以上溯到距今7000年以前的新石器时代。而钟馗成为声名显赫的捉鬼大神，还是唐朝以后的事。

早期专职捉鬼的神明，有门神神荼和郁垒。汉代神话故事中，他们是亲兄弟，素以勇猛著称。

还有一位名叫尺郭的，更是为另类恶鬼终结者。《神异经·东南荒经》里讲，这位尺郭捉鬼是出于本能，只是为了吃饱肚子。传说他的早餐就要吞下三千只恶鬼，到了晚上还要三百只作夜宵。

钟馗的出现，令他们黯然失色。钟馗成为人们信赖的捉鬼大神，要归功于宋朝以来民间故事的成功塑造。

考察钟馗的来历，历来说法众多，有人从跳钟馗面具发现线索：跳钟馗面具与商周时期面具在仪式中的作用相似，因此对于钟馗的起源，有一种假设：早在商周时期，钟馗就已出现。而钟馗的名字，很可能源自那时一位著名的巫师。

有学者考证，在殷商时期，也就是三四千年前，传说出过一位叫仲虺的著名巫师。他最擅长的法术是求雨，每每他出面主持的求雨仪式，最为灵验，所以人们用他的名字来代指巫师这个职务。而"仲虺""钟馗"两词发音相近，在流传过程中被误记为"钟馗"二字。这就是钟馗来历的第一种说法。

也有人说，其实钟馗并非是人的名字，而是一种菌名。明代李时珍《本草纲目·服器·钟馗》》："《尔雅》云：'钟馗，菌名也。'

此门神为两目，执椎打鬼的钟馗形象元素多一些。

▶ 门神·清末民初·孤品

《考工记》注云：'终葵，椎名也。'菌以椎形，椎以菌形，故得同称。俗画神执一椎击鬼，故亦名钟馗。好事者因作钟馗传，言是未第进士，能啖鬼。遂成故事，不知其讹矣。"

从这一记载可见钟馗源于仲葵，本是一种植物的名称，属于一种椎形菌类。椎本是一种敲打器物的工具，可作武器用，于是，有人便借用其谐音，编出一个手执椎形仲葵打鬼的钟馗。

这样，菌类仲葵便变成了打鬼的钟馗，一个植物的名字也就变成了捉鬼英雄的名字了。因钟馗故事讲的是专门捉拿凶邪恶鬼，很符合人们的心理，故受到欢迎。

▶门神·清·孤品

民俗中的钟馗

杂剧《盆儿鬼》写到元代民间这种特殊的人与神之间的关系。汴梁小生意人杨国用被人谋害。凶手用他的骨灰和泥，烧在瓦盆中，送给了邻居张老汉。瓦盆带来死者的鬼魂，吵闹鸣冤。

张老汉得知盆里有鬼，魂飞天外。进而想到，自家的门神钟馗老爷严重失职。居然和自己一样老眼昏花，浑然不知，糊里糊涂得放鬼魂进屋。于是破口大骂："好门神也，你怎生把鬼放进来了，俺要你做什么？"

从元杂剧中普通百姓对钟馗的轻慢态度可以看出，他的神性已经丧失殆尽。但作为神的钟馗又能一直流传下来，或许从

王灵官和钟馗同样是捉魔除妖的神，此三目为王灵官的形象，却不是红面，反接近钟馗的黑脸。想必是当时王灵官出任湖南湘阴县城隍，管辖阴界亡魂而变成了阴森的绿脸。由此及彼可以探知古代民间绘画中钟馗脸上颜色转变的轨迹。

▶捉魔除妖的模样·清·孤品

▶ 钟馗捉鬼的模样·清·孤品

▶ 镇宅神判·凤翔年画·清版

他经常使用的一种特别的武器，可以看出他存在的理由。

钟馗打鬼使用的武器除钢鞭和金锏之外，最常使用的就是宝剑。钟馗用鞭和锏作打鬼武器的确非常适合，也符合钟馗的刚烈形象。相比之下宝剑就显得很温和，因为古代无论文官还是武将大多会佩带一柄这样的宝剑。

这不是一柄普通的宝剑，而是道士专用的斩鬼武器——七星剑。剑身上的七个相连的圆点是北斗七星图案。北斗七星，在道教中拥有崇高的地位，是道士作法事时参拜的最重要的星宿神。

▶ 镇宅神判钟馗·河北武强年画·
戚建民出品

▶ 镇宅神判钟馗·河北武强年画

在陕西凤翔年画上，还专门写诗介绍和歌咏了这把斩鬼武器七星剑。年画上写道："朱砂神判下天宫，手拿宝剑带七星，顶上凭悬一口印，真言五雷将邪烘，有人请到家中去，万倍平安福禄增。"

河北武强年画中，也有钟馗手持斩鬼武器七星剑的年画。

不过，大多数钟馗年画中，钟馗手持的斩鬼剑上，都没有七星。这细微的区别，为钟馗年画收藏者提供了比较鉴赏的乐趣。

明清以来，民间活跃着许多道士，他们游走江湖专以作法事为职业，宣称通过他们虔诚的祷告，北斗七星之神就会下凡人间，为人消除灾祸、疾病，驱除邪气，斩除妖魔鬼怪。这些乡间道士在人们生活中无处不在，大事小情无不插手。他们频繁的请钟馗下凡捉鬼，赋予钟馗新的职能，于是具有道教神仙法力的钟馗崭新登场。

直到今天，每逢端午节，一些地区仍流行"跳钟馗"等民俗活动。如在黄山市徽州区岩寺镇附近一些村组，村民们自发地开展沿袭多年的民俗表演跳钟馗。

跳钟馗是一种民间舞蹈，又称"嬉钟馗"，流行在黄山市徽州区、歙县等地。据说，明万历年间这些地方就有此习俗，每年端午节，都要"嬉钟馗"，以求驱邪恶降神福，保佑村民平安。古时"嬉钟馗"是以木偶架在肩上嬉耍，后为发展到由人扮演钟馗，在村中巡游嬉耍，有《出巡》《嫁妹》《捉蛇》《除五毒》等多种内容。

▶镇宅神判钟馗·山东潍县年画

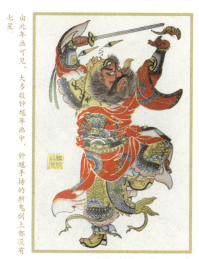

由此年画可见，大多数钟馗年画中，钟馗手持的斩鬼剑上都没有七星。

▶驱邪逐魔·天津杨柳青年画

▶ 钟馗嫁妹·天津杨柳青年画·钱慧安作

▶ 钟馗接喜·桃花坞年画

钟馗嫁妹

民间传说钟馗有一位同乡好友杜平，为人乐善好施，资助钟馗赴京应试。

钟馗因面貌丑陋而被皇帝免去状元的资格，一怒之下，撞柱而死。杜平将他安葬。钟馗做了鬼王之后，为报答杜平生前之恩，亲率鬼卒在除夕时返家，将妹妹嫁给了杜平。这就是著名的钟馗嫁妹的故事。

钟馗小妹，见于宋孟元老《东京梦华录》卷十，云："至除日，装钟馗小妹、土地、灶神之类。"

可见此传说之渊源早矣。后世民间亦敷衍成多种戏剧剧本。清传奇《天下乐》有"钟馗嫁妹"一出，云：唐钟馗落第自戕后，感杜平埋骨之义，遂率众小鬼将妹送至杜家，为其完婚。昆剧、京剧、川剧、滇剧等均有此剧目。

清代剧作家张大复写了一出《钟馗嫁妹》，成为昆曲中经常上演的剧目。舞台上五鬼一判载歌载舞，组成一组组富有雕塑感的优美画面。钟馗由净角扮演，动作旦起净落，粗犷中含着妩媚，风流潇洒。剧中有一段唱词是：

"排列着破伞孤灯，对着这平安喜庆，光灿烂剑吐寒星，伴书箱随绿绮，乘着这蹇驴儿圪蹬，俺这里一桩桩写下丹青，似一幅梅花春兴。"

文情并茂，鲜明地刻画出一个秉性正直、满腹才华而又落拓不第的文人形象。唱词中的吉祥词语，正是明清时期民间流行驱邪降福的钟馗形象的写照。钟馗载歌载舞作出的种种身段，内行人称之为门神架子，意即系从民间门神画中得而来，可见民间戏曲和美术间互相吸收借鉴的关系。

古今《钟馗嫁妹》的年画较多，清代特别流行，如清宋荦《筠廊偶笔》卷上云："武昌某氏藏吴道子水墨普贤像，颇用不胜余家旧藏钟馗小妹图。"可见清人以收藏钟馗嫁妹和钟馗小妹图为荣。

▶ 钟馗接喜·桃花坞年画

清代的《钟馗嫁妹》年画中，笔者最为欣赏的是清末杨柳青年画艺术家钱慧安画的《钟馗嫁妹》，活灵活现地表现了钟馗嫁妹前呼后拥的场面。

此外，桃花坞年画中有一对钟馗门神，虽然没有表现钟馗嫁妹前呼后拥的画面，但也与《钟馗嫁妹》相通，遥相呼应，表现小鬼打伞、钟馗骑驴手接喜蛛的画面。

原来，《钟馗嫁妹》非嫁妹也，而是"驱魅嫁妹"，表达的是"钟馗接喜"和"钟馗迎福"寓意。明胡应麟《少室山房笔丛》卷二二"钟馗"条云："画家钟馗嫁妹图亦有因。"

何因？清俞樾《茶香室三钞》卷二〇解释到："明文震享《长物志》：悬画月令。十二月悬钟馗迎福，驱魅嫁魅。按此知世传钟馗嫁妹乃嫁魅之讹。"

可见，民间传说的"钟馗嫁妹"实为"驱魅嫁魅"，自明代就已经流行。

《说库》本《长物志》卷五"驱魅嫁魅"作"驱魅嫁妹"，"驱魅嫁妹"与"钟馗迎福"相呼应。

▶ 钟馗捉鬼·山东杨家埠年画·杨福源出品

▶ 镇宅神判·陕西凤翔年画

钟馗斩五毒与五福

农历五月初五端午节，在旧时的观念里，农历五月是恶月，据说在这个月里毒虫病虫们全体出动害人生病。这毒虫数量非常巨大，被称为五毒。

于是，古代端午悬挂钟馗像，该风俗说明人们又赋予了他新的职能——钟馗斩五毒。

在钟馗故事里并没有五毒，倒是有五只小鬼。所以民间年画中经常尾随钟馗的是五只小鬼。他们是明朝时钟馗故事里的新出现的角色，据说钟馗的丑陋相貌与他们有关。

在明朝版本的钟馗故事里，一改过去文艺作品中天生丑陋的说法。故事说钟馗本是英俊潇洒风流倜傥的书生，赶考路上被五只捣乱的小鬼毁坏面容。钟馗含冤而死，成为捉鬼的神以后马上收服了这五只小鬼。

后来五鬼进一步演化成为五毒，又使钟馗担当起另一种全新职能，成为斩五毒的天师钟馗。

原来专职斩五毒的神另有其人，是张天师。张天师是天师道的创始人张道陵的神化形象。明清以来随着钟馗故事的传扬，尤其是钟馗和五只小鬼的一段恩恩怨怨广为人知，钟馗渐渐取代了张天师。明清以来，钟馗与张天师形象相融合，钟馗成为端午节里最受欢迎的神——斩五毒的天师钟馗。

五只小鬼无法逃脱钟馗，民间年画艺人画着画着，最后画出了吉祥寓意，五只小鬼变形为五只小蝙蝠，寓意福在眼前，或者恨福来迟。

五鬼变成了五福，而五福观念源远流长，早在远古时代，《尚书·洪范》解释五福的具体内容是："一曰寿，二曰富，三曰康宁，四曰攸好德，五曰考终命。"

明清以来钟馗画祈求赐福的成分大为增加，钟馗的上面往往有蝙蝠，寓意福自天来。

钟馗门神画中，多是典型的"武判"样式。钟馗挥舞宝剑做出种种威武姿态，四周衬满流云、八宝、双喜等图案，活泼中带有吉祥寓意。

▶ 镇宅神判·陕西凤翔年画

有的年画别出心裁，去除钟馗手中的武器，增添了一枚超大铜钱，谓之托钱判，或称判官儿，或简称判儿。于是又有人把钟馗怀里的大铜钱换成了胖娃娃者，寓意盼子得子。

就这样，从驱邪魔，斩鬼怪，到祈福得福，盼子得子，求财得财，人们生活所需一应俱全，钟馗最终成为古代民间诸神中的超级明星，大行其道。

为何钟馗流行千年

▶ 钟馗斩五毒·武强年画·戚建民出品

钟馗作为神，虽然历朝历代钟馗的形象在各种绘画作品中频频出现，有关他的传说故事也多得数不胜数，但由于他于史无据，事出无典，加之相貌丑陋鬼气十足，从来没有得到哪一朝皇帝赐给封号，也更没有中央政府亲自出面主持给钟馗建庙的记载。

古代英雄好汉灿若群星，为何独独一个又丑陋又鬼气的弱书生成为明星，家家户户张贴敬奉，流行千年呢？

▶ 引福归堂·广东佛山年画　　▶ 引福归堂·广东佛山年画　　▶ 驱邪逐魔·天津杨柳青
年画·张克强出品

从中国人的精神层面分析，可能主要有如下原因：

一是正因为钟馗是另类，更符合民众叛逆心理的需要

中国人的性格是温顺的，然而越温顺的人越容易叛逆，而中国人的精神往往是叛逆的。表现在历史现实中，即民不畏死，官民水火不相容，越是官方提倡的，民间越是反对，越是官方反对的，民间往往越是追求。在这种心理的主导下，民间艺人塑造钟馗拥有了更大的自由度，这使钟馗获得了与众不同的世俗品格，使其在民间年画中广泛流传。

二是钟馗是贫寒读书人的身份，使他具有了现实意义

钟馗是古代平民知识分子的典型。故事里钟馗距离梦想仅仅一步之遥，却因皇帝个人好恶，而痛失仕途美好前程。想必他的冤屈经历引起历代读书人的共鸣，宋代以来几乎所有版本的钟馗故事中，这段情节都是惊人的相似。

而故事的高潮部分钟馗愤然赴死，以极端方式反抗不公正制度，则是他刚烈不屈性格的体现。如此刻画钟馗性格，为他后来成为最受信赖的捉鬼大神埋下伏笔。

三是钟馗形象的生动活泼更具有世俗性

钟馗早期形象是变迁的，其形象具有两重性。他既有儒雅、庄重的传统文

人品格，也有诙谐风趣世俗的一面。

这种世俗品格浸透到民间的日常生活细节中。北宋沈括《梦溪笔谈》里记载了当时民间使用的一种捕鼠机，名叫钟馗，并在上面贴上钟馗像。

即便没有钟馗像，捕鼠机也照样能正常工作。那么为什么要多此一举加上钟馗像呢？唯一的理由就是他的威慑力。

四是钟馗形象符合中国人实用功利性的特点

古代民间造神具有实用功利性，这种功利性还体现在这种重要的民间风俗上——张贴门神钟馗画。

▶镇宅驱魔·四川绵竹年画

▶永镇家宅·四川绵竹年画·清版

古代民居张挂钟馗像首先是在大门上，成对地张贴在两扇门板上，单幅的贴在门的正上方。防止恶鬼上门骚扰。有的民居院落，进门之后还见不到主人的房间，用墙隔开。钟馗往往贴在此墙上。

古代人们对鬼有这样一种认识：认为鬼只能走直线，所以即便是不小心让鬼溜进门来，也会被影壁前的钟馗老爷抓个正着。

虽说是神仙身份，但因为时时见面，司空见惯，日久年深也就把钟馗当做家庭的一员来看待。敬畏之余，也有亲切的一面。但如果作为门神的钟馗有失职情况，一家之主也会拿出家长的威严，对此斥责。

五是接福纳祥功能顺应和迎合了中国民众普遍的吉祥心理

钟馗由捉鬼演变为接福纳祥之神，顺应和迎合了中国民众普遍的吉祥心理，因此具有广泛的群众基础。一

个既能驱除邪魔，又能带来吉祥的神像，人人喜欢，人人需要，因此它走进了中国人丰富多元的精神世界。

钟馗年画鉴赏

画中的"馗"系"魁"之误。

▶钟馗镇宅·河南朱仙镇年画

河南朱仙镇印有《钟馗镇宅》门神，钟进士白面赤须穿绿袍正襟端坐，手持宝剑，虽画幅不大却显得庄严肃穆。

明人《天中记》引《唐逸史》谓玄宗于钟馗死后赐绿袍殓葬，但清代以来为了突出喜庆，民间多画红袍，朱仙镇的绿袍钟馗却有文献根据。

朱仙镇还有一种名为《馗头》的木版画，钟馗头像占据了全幅画面，他头戴软翅判官帽，紫面绿须，口吐獠牙，狰狞威猛，一手执笔，一手拿卷轴，上写"新年大吉"，此系供门楼上端或大门内影壁墙中心贴用者，谓可起到驱邪纳福，这种馗头因开张大小繁简而分为"大馗头""小馗头""四馗头"等不同型号。

山西平阳门画中也有此形式，只是没有朱仙镇色彩浓重。

山东潍县流行的《打猪鬼》钟馗门神，幅面甚小，印制也颇粗糙，但造型却质朴生动，具有浓郁的乡土气息，钟馗紫脸红须身着绿袍，色彩对比鲜明强烈，这种门神贴于牲畜圈门上，谓能保佑牲畜平安。

明代以前民间的钟馗像主要用于岁末，到清代又发展到端阳节张贴悬挂。

五月在中国被视为恶月，是各种毒虫出现和疾病流行的季节，旧俗皆贴张天师像、悬蒲

画中的"重魁"系"钟馗"之误，"真宅"系"镇宅"之误。

▶钟馗镇宅·河南朱仙镇年画

▶ 馗头·河南朱仙镇年画

▶ 馗头·河南开封
年画·任鹤林出品

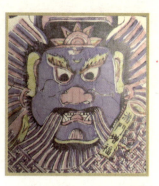

▶ 馗头·山西平阳年画

剑蓬鞭以除邪祟，大约出于人们对钟馗的好感，使其又负起夏季驱毒疾病的重任，从而创造出钟馗斩五毒的样式。

端阳节贴的钟馗像大都作执剑起舞的动态，画上盖有"灵宝神判"大印或加以"敕令"的五雷符，小幅者贴于门户，大轴画悬于中堂。

民间还有端阳正午用朱砂点钟馗的眼睛和剑上的七星的风俗，认为这样就真的有避邪的神力。

武强年画有两三种大幅钟馗图都是武判的打扮，他一手执剑、一手前指，左脚高抬，上空有蝙蝠飞来，下方满地珠宝，既有叱咤风云气概，又充满喜庆色彩。

潍县杨家埠印的有身穿红花袍的紫脸钟馗，袍袖中捉住数个小鬼，威厉之气溢于纸上。

▶ 镇宅神判·陕西凤翔年画

▶ 镇宅神判·陕西凤翔年画

▶ 钟馗劈鬼·桃花坞年画

▶ 钟馗杀鬼·桃花坞年画

▶ 钟馗·江苏南通年画·木版
水墨·姚生来绘

陕西凤翔有数幅不同姿态的朱印钟馗《镇宅神判》，有的捋须睥睨、有的拄剑怒视，皆身材魁梧须发飞扬，动态中显得异常威猛。画上还有"朱砂神判下天堂，手掌宝剑镇家乡，斩妖除邪最灵应，老少清吉护家乡"的题诗。

江苏桃花坞年画中的钟馗年画堪称风格独标，别具一格。它与各地年画中的似乎"标准像"的造型都不同，除了《钟馗接喜》那对门神与众不同，还有一对门神《钟馗劈鬼》和《钟馗杀鬼》，也为桃花坞年画独有。这是少见的将钟馗捉鬼的细节具体化表现出来的钟馗年画。

据说，英国伦敦大英博物馆有一幅清代前期苏州刻印的钟馗，身穿蓝色官服，环眼虬须，前边由手执如意的小鬼引路，全画仅套印蓝、黄两色，形制古朴，是年代较早的印版门神。

民间还有以水墨绘制者，如江苏南通民间大幅水墨年画《钟馗》，为先印木版墨线，再绘水墨，为88岁（我到他家采访时的年龄）的老艺人姚生来绘制。

民间流行钟馗图像，表现了中国人精神世界的另一个方面。

民间钟馗图像始终没有脱离驱邪的符箓性质，钟馗故事亦出于无稽之谈，为何作为民俗却流传了一千多年？

这是因为，在对嫉恶如仇扫荡群魔的大神崇敬中，也寄寓了人们对美好生活的憧憬和对邪恶势力的憎恨。

民间艺人把这一外貌狰狞却心地善良的矛盾形象塑造得十分成功，既充满刚烈之气，又优美可爱，艺术表现上装饰手法的运用，象征寓意的构想，丰富多彩的形式创造，都显示出了一代代民间艺人丰富的想象力。

第五章

门神：纳祥避灾的精神支撑

手持板斧面朝天，随你新鲜中一年。
厉鬼邪魔俱敛迹，岂容小丑倚门边。
——清 祝枝山《门神赞》

没有人能够回避门，我们天天和门打交道。门本是实有的客观存在，却构成了意识和形态，在古代，门又是虚拟的精神意向，这一精神意向凝聚在一个焦点上，这个焦点就是门神。

门神是大年三十贴在门上的年画，是中国传统文化中的一种由来已久的习俗。现在很多人不知道大门上的门神是谁，可见门神文化正在离我们远去。当门神离我们渐渐远去的时候，门神文化成了中国民俗文化的一个重要现象。因为失去，而更加珍贵，门神仍然装饰着我们的梦。

门神构造了一个充满传奇色彩的世界，门神是中国古人纳祥避灾的精神支撑。

门神是一种文化现象

置身现代都市，我喜欢穿行在古城古巷古门中，在我的眼里，门不是物质的，而是精神的，门不是功利的，而是哲学的。

门的哲学，是交汇传统和现代的哲学。古代人修建门大多不是防盗的，而是好看的，所以有"夜不闭户"之说。古代的门是敞开的，因为古人的心灵是敞开的。

而现代人修建门，主要不是为了好看，而是为了防范。防什么？一是为了防盗，二是为了防因外人贸然闯入而导致私密空间的暴露，三是防财富的被偷窃。所以新房安装了一道门，装修时还要安装一道防盗门，有的在防盗门外还要安装一道走廊门。如此一来，回家要穿过7道门，开5道锁：第一道门是小区大门，用IC开门；第二道门是大楼单元门，用IC卡

▶门神·明清·孤品

开门；第三道门和第四道门是电梯门，进出各开一次；第五道门是走廊门；第六道门是防盗门；第七道门才是进入家里最后的也是最重要的一道门。

人类的一切发明、生产、创造都是为了人类的方便，而只有门，成为了人类的桎梏和囚笼，给人类带来了自食苦果的麻烦。

透过门，我们看到了现代化的弊端，也看到了传统的好处。门的传统好处之一就是门具有欣赏价值，门神画就是其欣赏价值中最绚丽的元素。门是门神画的载体，而门神画又丰富了门的审美性。

门神文化渗透于中国古代几乎所有的文学艺术样式中。有关门神的古代诗歌，为门神增添了传奇色彩。明代博学才子祝允明，号枝山，曾赞门神。据清代《坚瓠癸集》，祝枝山去拜客，茶罢叙礼而退。人家送到门口，祝枝山见门神画得精彩，一个劲地称赞，并应主人的请求，留下一首《门神赞》："手持板斧面朝天，随你新鲜中一年。厉鬼邪魔俱敛迹，岂容小丑倚门边。"

从古代小说，也可以看到门神文化的普及。古代小说中以门神为主角的篇章，可见于蒲松龄《聊斋志异》中的《鹰虎神》。

《鹰虎神》中描写，济南府东岳庙"大门左右，神高丈余，俗名'鹰虎神'，狰狞可畏"。蒲松龄笔下的鹰虎神，就是东岳庙的门神，其形象具有威慑力。他离开"门岗"，去堵截偷盗者。

古代戏剧中表演的门神的剧情故事较多，如

▶门神·民国二年·孤品·上为王灵官

▶门神·民国二年·孤品·下为王灵官

▶ 将军门神·陕西凤翔年画　　▶ 将军门神·陕西凤翔年画

元杂剧《盆儿鬼》，就表现了"大年日将你（门神）贴起"的风俗，还编出包公让手下人给门神烧纸，以换取门神通融合作的情节。

清代《长生殿》描写唐宫里一对黑白门神，同情杨贵妃的鬼魂，为其放行。

明代文人茅维曾写过一出短剧《闹门神》。清代焦循《剧说》载，"《闹门神》杂剧，为茅僧坛孝若撰，谓除夕夜新门神到任，旧门神不让，相争也"。相持不下，新门神令桃符去请宅内的钟馗出来评判。

文学艺术是一面镜子，它折射出门神这一文化现象，使门神益发绚丽多彩。

西方也有门神习俗，然而，门神更是中国文化的独特现象。比较东西方门神文化，可以发现，门神是最能体现中国文化性格的载体：世界似乎是由门构成的，从城门、院门、宅门、房门，到山门、寨门等，这些构成了一个巨大的隐喻：其建筑意义上的封闭式样，构架了中国人封闭的求稳求平安的安居意识，进而构成了传统中国人的封闭心态。中国古典传统是一种封闭的文化，它需要门，且门禁森严，因此门神大行其道。

西方文化是开放的海洋文化，也有门但不过于倚重门，门神只不过是装饰和娱乐。而中国人贴门神是有功利性的，不是求财，就是求福禄寿喜。

▶ 立刀门神·河北武强年画　　　　▶ 立锤门神·四川绵竹年画

早期门神的演变

　　最早的门神是"桃人"。古人认为，用桃木雕成二神的模样，春节时挂在门上，使恶鬼不得擅入，可以保护一年阖家平安。

　　但雕桃木比较麻烦，于是逐渐简化为用桃板一左一右钉在门上，上面画上二神的图像，或干脆写上二神的大名，或画上一些咒符，此即桃符。桃符开后世楹联（对联）之先河，也是年画之源头。

▶ 桃木制鬼·陕西凤翔年画

　　明代冯应京（1555—1606，明万历进士）在《月令广义·十二月令》中说："道家谓门神，左曰门丞，右曰门尉。盖司门之神，其义本自桃符。"这是门神起源于桃符说的重要记载。

　　在古代，桃木有"鬼怖木"之称，桃木驱鬼辟邪的信仰由来已久，并且从来都关乎于门户。门神源于有关桃木的神话，说他们"性能执鬼，度朔山上立桃树下"。

▶ 吞口·四川绵竹年画

　　在桃符门神制鬼风俗的流变中，还出现了挂门符、贴符纸、纸符、酉字、照妖镜和门前财角、石敢当、吞口习俗，都是门神画的来源，有些伴随着门神画同时使用。这些物质载体和门神画的功能一样，都是驱邪除魔，消灾免害，迎福纳祥的。所以，它们属于另类门神，追溯门神画的文化源流和演变，不能忽略它们。

　　早期出现的人物门神是神荼郁垒。古代民间神话传说中，黄帝将神荼郁垒从鬼门请到人间，制成一种典礼，以驱恶鬼。

▶ 神荼郁垒·福建漳州年画

▶ 神荼·天津杨柳青年画

▶ 郁垒·天津杨柳青年画

▶ 神荼·天津杨柳青年画

▶ 郁垒·山东杨家埠年画

▶ 神荼·山东杨家埠年画

关于神荼和郁垒，较早的记载见于东汉初年王充《论衡·订鬼篇》所引《山海经》：

"沧海之中，有度朔之山。上有大桃木，其屈蟠三千里，其枝间东北曰鬼门，万鬼所出入也。上有二神人，一曰神荼，一曰郁垒，主阅领万鬼。恶害之鬼，执以苇索，而以食虎。于是黄帝乃作礼，以时驱之，立大桃人，门户画神荼、郁垒与虎，悬苇索，以御凶魅有形，故执以食虎。"

东汉应劭的《风俗通义》中引《黄帝书》说：上古的时候，有神荼郁垒两兄弟，他们住在度朔山上。山上有一棵桃树，树荫如盖。每天早上，他们便在这树下检阅百鬼。如果有恶鬼为害人间，便将其绑了喂老虎。后来，人们便用两块桃木板画上神荼、郁垒的画像，挂在门的两边用来驱鬼避邪。

度朔山是一座神奇的山，神奇是因为人人都没有见到过真实的此山，只是在神话传说描绘中知道那远古时代遥远的地方有这么一座山，山上有奇大无比的桃树，营构出神奇的氛围。所以古人画神荼郁垒图，往往以桃树为景。

古籍《论衡·乱龙篇》《荆楚岁时记》《宝颜堂秘籍本》《握兰轩随笔》《民斋续说》等都描述过"左神荼右郁垒"的门神故事。

神荼郁垒的早期造型留在汉代画像石上，后来，几乎各年画产地都有神荼郁垒门神画，其中杨家埠年画神荼郁垒图为顶盔贯甲，威风凛凛的将军，左右各一张成对，基本对称。画面上两个将军全是手执大锤，按型号大小，俗称大锤将与小锤将。

几乎与神荼郁垒同时的，还有一位人物门神，叫成庆。据班固的《汉书》中记载：广川王的殿门上曾画有古勇士成庆的画像，短衣大裤长剑。

但中国最有名的门神不是神荼郁垒，也不是成庆。而是秦叔宝与尉迟恭。

秦叔宝与尉迟恭

秦叔宝与尉迟恭都是唐代的开国将军。秦叔宝是齐州历城籍（今山东济南市），也叫秦琼；尉迟恭是朔州善阳籍（今山西朔县）人，也叫胡敬德、敬德和尉迟敬德。

秦叔宝与尉迟恭是中国民间门神画中出现最多的人物。

在笔者收藏的门神画中，往往一眼看来是神荼郁垒两员雄赳赳的门神，但是仔细观察，其中一位手执钢鞭，另一位手执铁锏。执鞭者是尉迟敬德，执锏者是秦琼。这对门神叫鞭锏门神。有时，这对门神两旁还有一副对联："昔为唐朝将，今作镇宅神。"秦琼与尉迟敬德的门神画各年画产地几乎都有，但风格不同。

关于秦尉门神的来历，有多种传说。《西游记》第十回"二将军宫门镇鬼，唐太宗地府还魂"中对秦尉门神叙述较为详细：泾河龙王为了和一个算卜先生打赌，结果犯了天条，罪该问斩。玉帝任命魏征为监斩官。泾

▶尉迟恭·湖南滩头年画　　▶秦叔宝·湖南滩头年画

▶ 敬德（即尉迟恭）·陕西凤翔年画

▶ 秦琼·陕西凤翔年画

河龙王为求活命，向唐太宗求情。太宗答应了，到了斩龙的那个时辰，便宣召魏征与之对弈。没想到魏征下着下着，魂灵升天，将龙王斩了。

龙王抱怨太宗言而无信，日夜在宫外呼号讨命。唐太宗患病，夜梦见鬼，只觉寝宫门外鬼魅呼号，抛砖弄瓦，不得安宁。太宗告知群臣，大将秦叔宝说道：愿同尉迟敬德戎装立门外以待。太宗应允，那一夜果然无事，使得唐太宗睡了一夜安稳觉。

一而再，再而三，两将军连站三夜岗，太宗念及他们彻夜辛苦，吩咐道："召巧手丹青，传二将军真容，贴于门上……"书中写，以画代人，也能管用。

于是，后人相沿下来，这两员大将便成为千家万户的守门神了。

在《李世民列传》中的记载应更为真实。唐太宗李世民因恶梦致病，每逢深夜就听见鬼叫，吓得不能入眠。有位大臣进言：不如派武将夜守宫门，必能驱逐魔鬼。

太宗听后，乃令大将秦叔宝和尉迟恭全副披挂，一个持剑、一个拿叉，昼夜替李世民站岗壮胆，宫中才平静下来。有两位大将彻夜守护，太宗的病果然痊愈了。太宗大喜，命画工把两位将军画像贴在门上，称之为"门神"。后来逐渐成为民间的"门神"。

《说唐演义》中有秦琼、尉迟恭救驾的故事，在民间广为流传，还被京剧及许多地方剧种扮演，使得秦叔宝和尉迟恭二位门神的故事在百姓中广为流传，这些传说神乎其神。其实，从历史学的眼光来看，唐朝开国元勋秦琼无疑是英雄，然而秦琼也并非是神，他也有很多问题，最大的问题就是没有信仰，只有匹夫之勇，人生哲学实用而功利。

如在大是大非问题上，秦琼犯了方向性错误。他所征战诛杀的敌人都是起义军。从他多次背叛主人投奔敌营就可以看出，他十分势利，在忠诚度上，秦琼没心没肺，有奶便是娘，谁的力量强大就投奔谁。他早年为隋朝干事，后追随李密，最后归唐主，谁对他有利，就投降或投奔谁，没有"政治立场"，也没有信念。

无立场无信念最终导致的是无人格无情义，乃至背叛友情，卖友求荣。秦琼遇单雄信时在山西潞洲，正身患大病，是单雄信把秦琼接回八里二贤庄精心调养。后来秦琼之母做寿，单雄信广发绿林帖，邀集众好友为秦琼母祝寿，夜晚也有单雄信的朋友从墙外投数百银两为秦琼之母祝寿。单雄信对秦琼可谓恩重如山。

后单雄信随王世充，秦琼随唐王。破王世充后，秦琼却未把单雄信放了，而是一直把单雄信送到断头台，因单雄信是李世民的大仇人。

秦琼为了结识唐主李世民，冒死把李世民从李密的牢中放了出来，只因秦琼看出李世民是真龙。

可见，秦琼的人格有重大缺陷。他放李世民，只因李世民日后能带给他富贵。对自己有救命之恩的知己，他却不肯放，在断头台上，秦琼率众烧自己屁股上的肉给单雄信吃，单雄信接过来毫不客气地大口吞掉，单雄信此时一定看清了自己结交的这位朋友。

所以，历史上民间将秦琼当做神，实在是秦琼太会作秀了。不过，乱世之中，适者生存，秦琼的这些缺点似乎又可以怜悯。因为他原本就是人不是神，他成为门神是单纯的民间艺人理想化的描绘创造。

在历史故事和民间传说中，尉迟恭的形象似乎比秦琼要纯洁高尚得多。尉

▶ 抱锏秦琼·陕西凤翔年画·邰立平出品

▶ 立鞭尉迟恭·陕西凤翔年画·邰立平出品

▶ 尉迟恭马上门神·河南朱仙镇年画

迟恭生于公元585年，卒于658年，字敬德，朔州鄯阳人。他青年时以勇武闻名乡里，参加了刘武周起义军，并和宋金刚率军南下，陷唐晋阳、浍州，大败李渊军队，俘虏了永安王李孝基及独孤怀恩、唐俭、于均、齐世良等5名唐将。

公元620年，尉迟恭被李世民战败于美良川，复被围困在介休，经劝降，他和刘武周的另一将领寻相归附了唐朝。李世民让他当右一府统军。时隔不久，寻相等又相继反叛李世民，一些部将对尉迟恭也产生了怀疑，把他囚禁起来，并对李世民说："敬德骁勇绝伦，今既囚之，心必怨望，留之恐为后患，不如逐杀之。"

李世民笑着说："如果尉迟恭真要叛变，他哪能在寻相之后呢？"于是令人释放了他，引入室内，赐了不少金银财物，并说："大丈夫处世以义气相投，小小误会你不必介意，我怎能听信那些谗言相害于你呢！"

当时，李世民正与王世充交战。有一天，他带了500骑兵观察地形，王世充率步、骑万余突然把他们包围起来，王世充猛将单雄信挥枪直刺李世民。尉迟恭见情况危急，不顾一切，大喝一声，把单雄信刺于马下，保护李世民冲出重围。

尉迟恭一生战功卓著却拒受优恤和封赠。太子李建成为了拉拢他，曾送给他满满一车黄金器皿，尉迟恭却坚持不受。别有用心之人告诉李世民，说尉迟恭有二心。李世民问他："为什么有人说你不可靠？"尉迟恭默默地脱下衣衫让李世民看。李世民见到他满身箭疤刀痕，动情地哭了。

齐王李元吉和兄长李建成为了对付李世民，他们用重金收买尉迟恭不成，决计铲除李世民这个羽翼，派人多次行刺。尉迟恭知道后，索性大开门户，安然而卧，刺客数次入室，始终不敢下手。

武德九年（公元626年）六月初四发生"玄武

▶ 秦琼马上门神·河南朱仙镇年画

门之变"。秦王李世民坐骑跑入林中被树枝所挂跌倒，李元吉很快赶到夺下弓，扼住了李世民喉头，在这危急关头，尉迟恭驰马赶到，李元吉拔腿便逃，被一箭射死。

当时李渊正在宫苑海池泛舟游玩，李世民令尉迟恭前去"警卫"。这时，李建成、李元吉部下已杀进宫来，尉迟恭请李渊下道手谕，命令所有部队归李世民指挥。李渊见势只得依从。

贞观十三年（公元639年），李世民想把女儿嫁给他，尉迟恭叩首："臣妻虽鄙陋，相与共贫贱久矣。臣虽不学，闻古人富不易妻，此非臣所愿也。"

尉迟恭忠于大唐，一生为人忠信，光明磊落，封为鄂国公，死后谥为忠武公，陪葬于唐昭陵。传说中的尉迟恭日占三城，夜夺八寨，还与

▶ 武将门神·明·孤品

秦琼三鞭换两铜英雄大对决，后双双成了家家门上的"门神"，镇邪驱鬼、以祛不祥。

在门神画中，秦叔宝和尉迟恭区别于其他门神形象的最主要特征有三点：

（1）相对于屋主左为秦叔宝，右为尉迟恭（若是站在宅门外，则左为敬德，右为叔宝）。因为根据传说，秦叔宝的武艺和资历都在尉迟恭之上，而且，是秦叔宝帮助李世民降服了胡人尉迟恭。

（2）叔宝为白脸，留五绺须，敬德为红脸，蓄连鬓须；若秦为红脸，则尉迟为青脸，这种情况较少。

（3）叔宝握鞭，敬德持铜，因此往往称为鞭铜门神。但有时也拿其他武器。

▶ 武将门神·明·孤品

▶ 五子登科·山东杨家埠年画

传统武将门神画的形象、技法基本上是以一种固定的方式传承至今的，其形象没有发生太大的变化，处于相对稳定的状态，从这一点看，民间年画其实充满匠气。

神荼、郁垒和秦叔宝、尉迟恭是中国古代两对最重要、应用最广泛的门神，此外还有多种多样的门神。按功能和身份分类，门神可分为如下几种。

捉鬼御凶避灾门神

神荼郁垒是捉鬼门神，此外，御凶避灾也是门神的一大功能，可以说是最重要的功能，在门神早期甚至是首要的功能。

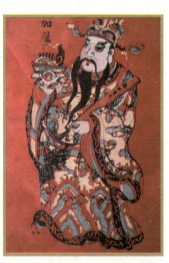

▶ 加官·福建漳州年画·颜仕国出品

古人贴门神，都是因为对大自然的恐惧，对世界的恐惧，对神的恐惧，总认为灾难会降临，因此贴威风的门神以御凶避灾，用来保护家宅，甚至在门神上面写上"镇宅避凶"等字样。所以那些门神都得很凶狠，这也是为什么古代门神主要是武将的原因。

祈福门神

这种门神并非门户的保护者，而是专为祈福而用，它寄托了人们祈望升官发财、福寿延年的愿望和心态。

祈福门神画以喜气吉祥为风格。诸如：如意状元、五子登科、天官赐福、和合二仙、招财童子、福寿童子、刘海戏蟾……其中有些祈福门

▶ 进禄·福建漳州年画·颜仕国出品

神，严格地讲已非原本意义上的门神，所以有些也称为门童画。

这类门神的中心人物为赐福天官，刘海戏金蟾、招财童子为次。供奉、张贴者的家庭多为有钱人家，有些是经商者，他们希望从祈福门神那儿得到功名利禄、爵鹿蝠喜、宝马瓶鞍，皆取其所需，以迎祥祉。

▶ 八宝童子·四川绵竹年画

明代冯应京在《月令广义·十二月令》中说："后世画将军朝官诸式，复加爵、鹿、蝠、喜、宝马、瓶、鞍等状，皆取美名，以迎祥祉。"

明清以后祈福门神的形象一般多为文官打扮，戴纱帽，着朝服，捧笏板，持吉物，慈眉善目，雍容华贵。

祈福门神的流行其实是社会心理的折射。随着文明的发展，时代的进步，人们对于生存环境恐惧感逐渐减少，驱鬼镇妖的武将门神已不能满足人们的多种要求，生存的渴望也不再是头等重要的命题，人们的关注点移向生活的质量，即对幸福的

▶ 天仙送子·广东佛山年画

期望。于是，门神画上叠加了祈福祝吉的符号。

祈福门神往往也叫文官门神，大都贴在院内堂屋门上，以别于街门上驱鬼镇邪的武世门神。但两者也有稍微的区别，文官门神大都与升官发财有关，而祈福门神却与多子多福，福寿延年挂钩。二者有时也配双成对，如天官（或状元）门神常与送子娘娘匹配。此外和合二仙、刘海、招财童子等都

▶ 麒麟送子·山东高密
年画·明清·孤品

▶抱剑持羊·江西樟树年画粉本（画样）·清·孤品　　▶抱剑持羊·江西樟树年画粉本（画样）·清·孤品　　▶美女门神·江西樟树年画粉本（画样）·清·孤品　　▶美女门神·四川绵竹年画

是成双成对的。

求财门神

贴关公、贴赵公明、贴比干等，都是为了祈求财富，因为这些门神都是财富的象征。特别是商家，新年在门上贴利市仙官等门神像，作为生意获利之神，专管开市大吉，不司驱邪逐鬼之职。

送子门神

送子门神有"天仙送子""麒麟送子"等，这些需求在老百姓的生活中并不大，因为患不孕

▶保吉除邪·山东杨家埠年画

症的总是极少数，但这类门神画特别多。这是因为其画面好看，有美女可赏，而且寓意吉利，因此特别受到青睐。

美女门神

在某种程度上，美女门神是送子门神的延伸。通常女门神都可称作美女门神、仕女门神、女将门神，通常她们扮相俊俏，翩若惊鸿，从英武的的穆桂英，到神话中的天仙，一个比一个漂亮，在众多男门神主宰大门的阵容下，女

门神往往令人眼睛一亮，赏心悦目。

动物门神

动物表达威仪，寓意吉利，这是中国吉祥文化的一大特色。动物门神包括老虎、鸡、狮子、鱼等，皆可成为门神。

武将门神

捉鬼御凶避灾门神都可以归入武将门神，但武将门神又不限于这些捉鬼御凶避灾门神。武将门神包括道教等宗教传说中的武将和历史上真实的名将。这些武

▶ 武将门神·民国·孤品

将门神大多以甲胄兵器显示威武，甲胄烘托威仪，胡须飞动飘然当风，豹头环眼，虎虎有生气。只是到后来明清时期，其构图才追求"可悦性"，而非"可惧性"。

古代门神构筑的不仅是一个色彩的世界，而且构筑的是一个精神世界，民众在冥冥中感到有神祇站在门口守卫自己，当灾难降临，当妖魔鬼怪来袭，门神在那

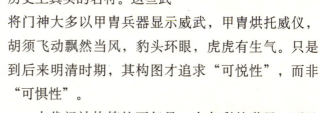

▶ 神虎大元帅门神·民国·孤品

里起着抵御防卫作用。正是在这种神祇崇拜的心理下，在一种虚幻的精神指向上，贴门神成了千百年来中国民众的一种最广泛的习俗，在没有宗教的时代，门神甚至成了一种宗教般的信仰，让古人每天回家油然升起一种豪情，产生一种无比强大的精神支撑，感受到家园的稳定厚实，心情也变得温馨舒坦起来。

▶ 神虎大元帅门神局部·民国·孤品

第六章

天地全神：无处不在的精神意向

圣人之精气谓之神，贤智之精气谓之鬼。

——汉郑玄《礼记·乐记》注

古人精神世界中的神像最集中表现在民间年画和宗教画《天地全神》中。

从画名上看，天地全神意味着囊括了天地间所有的神仙。

事实上，任何一张神仙绘画，无论它收入了多少神像，都不可能包括所有神仙。据笔者初步统计，古籍中提到的神仙，超过千数之多，而笔者收藏的古今天地全神画中，一幅画上最多的神像也不过近百。

可见，每一张《天地全神》画只是绘出了部分主要的神像，并非"全神"，称为"全神"，乃极言神像之多。

神与神仙的来由

神的起源很早，可以说，自从有太阳崇拜和有了文字，就有了神的观念。

中国的语言文字专家张志公早年有一篇文章，谈到他的考据结论，认为早期的中国象形文字中，太阳的表形字"日"字与人们崇拜的"神"字十分相似，两字的原始"画"法只差一点，说明人类早期崇拜太阳，因此奉为神明、神灵、神异。

这一解释，对"神"的人类崇拜和人们对"神"的理解作出了初步破解。

中国古籍中的"神"字，内涵相当丰富，既包含有"超自然力"，人们难以预测、驾驭者谓之神，如《易》曰："阴阳不测之谓神。"又曰："唯神也，不疾而速，不行而至。"

还有精、气等谓之神。如"子曰：'气也者神之盛也，魄也者鬼之盛也。'"（《礼记·祭义》）"圣人之精气谓之神，贤智之精气谓之鬼。"（《礼记·乐记》注）。

长生不死者往往也谓之神，如《家语》曰："不食者，不死而神。"

▶ 天地全神·明清·孤品

▶天地全神局部·明清

▶天地全神局部·明清

《山海经》中则记载有"不死之山""不死之药""不死民"等。

中国古籍中的"神"，既包含先天神灵，也包含有精、气谓神和希求不死之愿望。

现在我们在生活中说到神，往往是"神仙"组词一起说，也有分开说神和神仙的说法，其实两者有关联，也有区别。

从广义和道教神学来看，神与仙的区别在于神是先天自然之神，是出于天地未分之前，亦称先天之圣；仙是后天在世俗中修炼得道之人，亦称后天仙真。一般指长生不死、修炼得道的人，即"神仙者，所以保性命之真而游求于外者"（《汉书·艺文志》），亦称"仙人""真人"，统称"仙真"。

十三经中无"仙"字，只有"神"字，《道德经》五千言亦无"仙"字，或许"神仙"一词见于春秋及其之后。

春秋时已有"古而不死，其乐若何？"（《左传·昭公二十年》）之讨论，战国时，有人献不死药于荆王和"客有教燕王为不死之道者"，表明神仙思想之萌发。而《庄子》书中则描述了各种神仙人物，有真人、至人、神人、仙人等。

与此同时，从战国齐威王、宣王及燕昭王，以至秦始皇、汉武帝三次大规模地遣使往渤海中寻觅蓬莱、方丈、瀛洲三神山，索取不死之药，将求"仙"寻"药"活动推向高潮，使神仙思想得到长足发展。

道教创立之后，以继承和发展古代萌芽的"不死""长生"观念，成为道教神学之特色。其仙真有天仙、地仙、散仙等。

据说，天仙可以晋升为天神，地仙则只在人间，散仙大多在天上人间飘忽不定。

▶天地全神局部·明清

道教的广义神仙内涵，包容了中国古代宗教、古老神话、民间信奉的众神，并且受佛教传入的深刻影响，逐步形成了一个完整的神仙体系，即先天之圣、后天仙真和道教民俗神。

道教初创时，五斗米道所崇信的"天地水三官"以及神仙谱系的诸天帝、日月星君、风伯、雨师、诸山神、水府等，均是继承中国古代宗教祭祀崇拜演化而来。

▶ 天地全神局部·明清

古代神话也是道教神仙的重要来源，如道教至上神元始天尊，其原型来自盘古开天辟地的古老神话。对于黄帝、西王母等神话传说人物，则取舍不同，各用其长。将黄帝用来专门宣讲"人王长生、得道、升天"的神话，吸引和取得了历代封建帝王对道教的扶持；西王母则是登仙得道的女仙领袖。

佛教的传入，对于道教神仙体系的形成与发展也有一定的影响。中国古代是讲九天的，而道教吸收佛教"三界说"，有"四梵三界三十二天"，所供奉的三十二天帝等，则模拟佛教而来。

▶ 天地全神局部·明清

道教最早经典《太平经》中的神仙体系为六等："一为神人，二为真人，三为仙人，四为道人，五为圣人，六为贤人，此皆助天治也。神人主天，真人主地，仙人主风雨，道人主教化吉凶，圣人主治百姓，贤人辅助圣人、理万民录也，给助六合之不足也。"

（王明《太平经合校》）

▶ 天地全神局部·明清

道教初期五斗米道尊老子为太上老君，并崇拜天地水三官。张角则奉中黄太一。两晋南北朝时，除继续崇拜太上老君之外，随着《上清》《灵宝》经典和各种派别的相继出现，又有以元始天王、元始天尊、太上大道君、太上玉晨大道君为至上。

由于元始天尊能最完美地体现"道"的丰富内涵，即"莫知其先，强目曰元，其知其初，强目曰始；故曰元始天尊"（《混元圣纪》卷二）。因此，元始天尊作为道教至上神的地位，为多数派别所承认。

各派在吸收旧有神灵基础上，又有大量新的神灵。在当时的道经中，出现了名目繁多的道君、天尊、天帝、帝君、元君、真君、仙君、岳镇海神、仙真众圣等。

诸神谱系的排列

▶ 天地全神·清

从代代相传的民间年画《天地全神》中，我们看到古代诸神谱系的排列。

留存下来的民间年画表现了古代神仙谱系的排列的情况。为了道教的传播与发展，古代一些高道对神仙谱系进行了排列。如北周末道书《无上秘要》的"道人名品"就做了这种尝试。

梁陶弘景的《洞玄灵宝真灵位业图》，共列50多位神仙，以世俗的"朝班之品位"排定神仙界的"真灵之阶业"。它分成七个神团，由天间、人间、阴间三大体系组成，从玉清、上清、太极、太清、九宫、洞天、太阴的框架构想，设了七个中位，每个中位一般设一个主神，又设左位、右位、女真位、地仙散位等。

《无上秘要》的"道人名品"是以"得道成仙"之视角，从下至上依其修炼之程度，分为八个层次，即"得鬼官道人"（为人死后的仙鬼安排，死后也给升仙真的希望与机遇）"得地仙道人""得地真道人"（即相当于洞天）"得九宫道人""得太清道人""得太扳道人"以至"得上清道人""得玉清道人"。

这两者从形式看似有区别，一个从上至下，一个从下至上，但其内涵即得道成仙的层次是相同的，每个层次所列神仙亦大致相同。

经过南北朝时期道教各派长期的酝酿与协商，至唐，确立了道教"三清"最高神，即玉清境元始天尊、上清境灵宝天尊、太清境道德天尊，道教神仙体系步入了新的格局。

▶ 天地全神局部·清

道教以"老君师太上玉晨大道君焉，大道君即元始天尊之弟子也"（《犹龙传》卷一《启师资》）的师徒关系，构建了三位一体的道教三清尊神。

唐代皇室以老子李耳为"联之本系"，尊为始祖，并有道教学者从宗教神学理论上宣扬太上老君相配合，大有独尊老子为教主的意向，但以"三清"为道教至上神的趋势不可逆转。

北宋也仿唐代王室，利用道教神化赵氏，造作道教神仙，如效法唐代奉黄帝为圣祖。

这些神话与新造神，多托言于玉帝，因此一再加封其为太上开天执符御历含真体道玉皇大帝。玉皇大帝不仅成为神州大地世俗民间信奉的天界最高神，而且出现了以玉垒大帝为首的"四御"，形成了"三清""四御"神仙体系的新格局，即"三清"为"教门之尊"，"四御"为"吴天三界之尊"（《灵宝领教济度金书》《三界醮坛图》）。

一般认为，道教神仙体系在两宋才比较定型，并大致流传至今。两宋涉及神仙体系的道书，有宁全真校、王契真纂《上清灵宝大法》66卷，宁全真校、

▶ 天地全神局部·清

林灵素编《灵宝领教济度金书》321卷；金允中编《上清灵宝大法》45卷，吕元素集《道门定制》，留用光传、蒋叔舆编《无上黄·大斋立成仪》57卷，以及张君房编《云笈七签》122卷等。这些典籍收集了近千年来道教神仙谱系，并有不少总结与评说。

宋以来的神仙谱系，从上述道书中，可以概括为十个层次。

最高层是"三清""四御"或"六御"；

第二层是诸天帝，如九天上帝、五灵五老天君、三十二天帝等；

第三层是日月星辰，如十一大曜真君、五斗星君、二十八宿星君等；

第四层是三官帝君、三元真君、四圣真君等；

第五层是历代传经者名法师，如玄中大法师、灵宝三师、三天大法师等；

第六层是雷公、电母、龙王、风伯、雨师等；

第七层是五岳、诸山神及靖庐治化洞天福地仙官等；

第八层是北阴酆都大帝、水府扶桑大帝及他们所属诸神；

第九层是各种功曹、使者、金童、玉女、香官、役吏等；

第十层是城隍、土地、社稷之神等。

▶ 天地三界十方万灵真宰·朱仙镇年画

▶ 天地三界十方真宰·武强年画

天地全神年画的形式

笔者收藏的数十幅明清《天地全神》图中，常见的神有天地水三官、如来、观音、利市先官等儒释道家诸神，也有老子、关公、孔子等历史上真实的人物，他们由人变成神。

大凡民间信奉的神在《天地全神》中应有尽有，结成一个群体，各得其位，共享人间香火。但这些神的排列有严格的次序和一定的讲究，表现了中国古人观念中严格的等级思想。

《天地全神》有如下主要形式，一种只画一个牌位，上书"天地三界十方万灵真宰"或"天地三界十方真宰"；一种是只画一个主神位，周围排列执事，保镖或龙，主神位之下有一牌位，上书"天

▶ 小全神·武强年画

地三界万灵真宰"；一种比较复杂，画面分为四层，罗列二十个神像；一种是四层以上，神像达数十个；还有一种上面有文字，为上文下图形式。

如杨家埠木版年画《天地全神》上面的文为《天地万神朝礼》与《波罗密心经》，图中有三十七个神像和两只鸡，年画上对每一位神像上都标明了名字。

▶普天照临世界诸佛历代万灵总圣全图·武强年画

轴心一排为：五党（五当），古佛（盘古），玉皇，天官，地藏（朝地藏）。

右边的神像是：天皇，地皇，人皇，观音，文殊，眼光，问南，白虎，雷神，二郎，药王，天曹，地官，城隍，土地，阎君。

左边的神像是：上元，中元，下元，普贤，太山（泰山），送生，加杜，文昌，青龙，镇武，关帝，龙王，地曹，水官，宅神，山神。

《天地全神》因为大小开张不同，神位多少不等，又有"大全神""小全神"之称。其中小全神在民间又叫"神马""纸马"或"马子"。

各年画产地的《天地全神》有不同的面貌，如武强年画清代古版中有横幅的《普天照临世界诸佛历代万灵总圣全图》，其中包括天神、地神、人神、鬼神，儒、释、道三教等民间诸神，有三皇、三清、三佛、观音、真武、三官、三曹等。

武强刻印的神马是以中原文化为特征的。中原，是中华民族的主要发祥地之一，传说中的三皇五帝都是在这里建都的。在中原人的心目中，中华以中原为中心。东西南北中，为四方之中心，其造神运动也是以这种中心思想为主导，形成了一个庞大而齐全的神仙世界。

▶天地三界十方真宰·武强年画·戚建民出品

▶ 天地三界十方真宰·武强年画·
戚建民出品

▶ 五帝·清·孤品

▶ 五帝·清·孤品

五帝的种种说法

五帝是天地全神中的重要神，亦称"五灵五老天君""五方五帝"。道教初期的五方神灵之称。

关于五帝，古代典籍记载较多，有各种说法。道教"五帝"之说，大致有以下几种说法：

一是按方位称为"五方五帝"

《上清灵宝大法》卷三九称为："东方青帝、南方赤帝、西方白帝、北方黑帝、中央黄帝。"

《元始无量度人上品妙经四注》卷二："五老帝君皆天真自然之神，故曰元始五老，非后学而成真者，自受符命各治一方。"

《洞玄灵宝自然九天生神章经注》卷上称："五帝者，五方五炁之主。"

其姓名字号又有所不同。《九天生神玉章经解》

▶ 天地三界人五方五帝·
云南保山纸马

卷上："五帝即东方青帝彤梁际、赤帝常来觉、白帝彭安幸、黑帝保成昌、黄帝含光露。"

《上清众经诸真圣秘》卷一："东方青帝讳通明字盖卿，南方赤帝讳太阳字幼林，西方白帝讳通阴字符起，北方黑帝讳通神字子规，中央黄帝讳万福字太仓。"

《太清金液神气经》卷中："东方青帝姓产名并字慎迁，南方赤帝姓温名业字使卿，西方白帝姓赵名钟字符照，北方黑帝姓葛名贤字秋都，中央黄帝姓阳名次字符都。"

▶ 东岳大帝·江苏南通纸马

二是按颜色称为"青白赤黑黄帝"

《元始无量度人上品妙经通义》卷二、《内义》卷三、《四注》卷二："青帝姓常讳精明，白帝姓混讳蓐收，赤帝姓炎讳洞丹，黑帝姓玄讳明萌，黄帝姓麻讳忠慎。"

三是按日月称为"日中五帝"

《太上玉晨郁仪结璘奔日月图》："日中青帝，讳圆常元，字照龙韬。日中赤帝，讳丹灵峙，字绿虹映。日中白帝，讳浩郁将，字迥金霞。日中黑帝，讳澄增淳，字玄绿炎。日中黄帝，讳寿逸阜，字飚晖象。"

四是按山岳称为"五岳五帝"

▶ 五鬼五帝·云南玉溪纸马

《太上大道三元品诫谢罪上法》："东岳泰山青帝大神，南岳衡山赤帝大神，中岳高山黄帝大神，西岳华山白帝大神，北岳恒山黑帝大神。"

《元始上真众仙记》："太昊氏为青帝，治岱宗山；颛顼氏为黑帝，治太恒山；祝融氏为赤帝，治衡霍

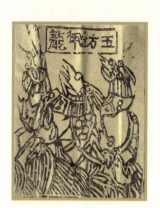

▶ 五方飞龙·云南弥渡纸马　　　▶ 五帝·云南通海纸马　　　▶ 五鬼六害神位·云南下关
纸马

山；轩辕氏为黄帝，治嵩高山；金天氏为白帝，治华阴山。"

五是按天地人称为"五行五岳五脏"

《元始无量度人上品妙经内义》卷三称："五帝在天为五行，在地为五岳，在人为五脏之神。"

《元始无量度人上品妙经四注》卷二："五帝在天主领飞仙，在地镇于五岳主领鬼神，在人主领五脏五神。"

《元始无量度人上品妙经通义》卷二认为："五帝与天地同存，阴阳始判，化主五行。"

六是按医学称为"瘟神君"

《灵宝领教济度金书》卷六："东方青帝青瘟神君，南方赤帝赤瘟神君，西方白帝白瘟神君，北方黑帝黑瘟神君，中央黄帝黄瘟神君。"

《灵宝领教济度金书》卷七有"青帝护魂君，赤帝养炁君，白帝传魄君，黑帝通血君，黄帝中主君"等称呼。

七是按综合称为"五灵五老天君"

据《灵宝领教济度金书》卷三〇六，

▶ 刀兵五鬼·云南玉溪纸马

▶五鬼五帝·云南腾冲纸马

五帝全称为东方安宝华林青灵始老九炁天君，南方梵宝昌阳丹灵真老三炁天君，西方七宝金门皓灵皇老七炁天君，北方洞阴朔单郁绝五灵玄老五炁天君，中央玉宝元灵元老一黑天君。

《四斗二十八宿天帝大箓》认为：东方青灵始老天君，号曰青帝，其精岁星．下应泰山神仙；南方丹灵真老天君，号曰赤帝，其精荧惑，下应衡山神仙；中央元灵元老君，号曰黄帝，其精镇星，下应嵩山神仙；西方皓灵皇老天君，号曰白帝，其精太白，下应华山神仙；北方五灵玄老天君，号曰黑帝，其精辰星，下应恒山神仙。

八是按自然九天生神称为"五老监真"

《洞玄灵宝自然九天生神章经解义》卷二、《洞玄灵宝自然九天生神章经注》卷中记载："玉清吴极元老，虚皇灵光始老，玄华宝天真老，露眇太灵（极）祖老，婆郁洪京仙老。"

远古传说中的五帝出现很多变身，云南纸马中记载了其变化的形象。如云南玉溪纸马《五鬼五帝》、云南弥渡纸马《五方飞龙》、云南下关纸马《五鬼六害神位》、云南玉溪纸马《刀兵五鬼》、云南腾冲纸马《五鬼五帝》，似乎都是天地全神中五帝的化身。

五帝多按颜色命名

五帝在典籍中称呼五花八门，但在民间美术中，多按颜色命名称呼。

▶五帝·清·孤品

▶ 青帝

青帝

亦称"苍帝"。道教青帝之说，大致有五类：

（1）东方青灵始老天君。

（2）东方青帝，其姓名字号亦有所不同。

《上清众经诸真圣秘》："东方青帝凋梁际字青平。"

《元始无量度人上品妙经通义》卷二："东方青帝讳通明字盖卿，巾青巾，衣青衣，冠青冠，履青履，带通光阳霞之章。"

上清六甲祈祷秘法："青帝姓常讳精明，护魂治肝。"

《太清金液神气经》卷中："东方青帝九炁天君姓产名六（并）字手公（慎忏）。"

（3）日中青帝。

《太上玉晨郁仪结璘奔日月图》："日中青帝讳圆常元，字照龙韬，衣青玉锦帔苍华飞雨裙，建翠芙蓉晨冠。"

（4）东岳青帝。

《太上大道三元品诫谢罪上法》："东岳泰山青帝大神。"

（5）青瘟神君。

《灵宝领教济度金书》卷七、卷六有"东方青帝青瘟神君""青帝护魂君"等称呼。

赤帝

道教赤帝之说，大致有四类：

（1）见南方丹灵真老天君。

（2）南方赤帝，其姓名字号亦有所不同。"南方赤帝长来觉字南和"；"南方赤帝讳太阳字幼林，巾赤巾，衣赤衣，冠赤冠，

▶ 赤帝　　　　▶ 赤帝

履赤履，带四玄朱碧之章"；"赤帝姓炎讳洞丹，养气治心"；"南方赤帝三炁天君姓温名钟（业）字叟嫂（使卿）"等（《上清众经诸真圣秘》卷五，卷一，卷七；《元始无量度人上品妙经通义》卷二；《上清六甲祈祷秘法》；《太清金液神气经》卷中）。

（3）日中赤帝，"日中赤帝讳丹灵峙，字绿虹映，衣绛玉锦帔丹华飞羽裙，建丹芙蓉灵明冠"（《太上玉晨郁仪结璘奔日月图》）。

（4）南岳赤帝，"南岳衡山赤帝大神"（《太上大道三元品诚谢罪上法》）。

此外，还有"南岳赤帝赤疽君"及"赤帝养兵君"等称呼（《灵宝领教济度金书》卷七）。

白帝

道教白帝之说，大致有四类：

（1）见西方皓灵皇老天君。

（2）西方白帝，其姓名字号有所不同。"西方白帝彰安华（彭安幸）字西幸"；"西方白帝讳通阴字符起，巾白巾，衣素衣，冠素冠，履素履，带皓灵扶希之章"；"白帝姓混讳蓰收，侍魄治肺"；"西方白帝七炁天君姓彭（赵）名叶（钟）字照之（元照）"等（《上清众经诸真圣秘》卷

▶ 白帝

五，卷一，卷七；《元始无量度人上品妙经通义》卷二；《上清六甲祈祷秘法》；《太清金液神气经》卷中）。

（3）日中白帝，"日中白帝讳浩郁将，字迥金霞，衣素玉锦帔白羽飞华裙，建皓灵芜华冠"（《太上玉晨郁仪结璘奔日月图》）。

（4）西岳白帝，"西岳华山白帝大神"（《太上大道三元品诚谢罪上法》）。

此外，还有"西方白帝白瘟神君"及"白帝侍魄君"等称呼（《灵宝领教济度金书》卷七、卷六）。

黑帝

▶黑帝

道教黑帝之说，大致有四类：

（1）见北方五灵玄老天君。

（2）北方黑帝，其姓名字号亦有所不同。"北方黑帝保成昌，字北伐"；"北方黑帝讳通神字子规，内苍巾，衣皂衣，冠苍冠，履苍履，带郁真萧凤之章"；"黑帝姓玄，讳明萌，通血治肾"；"北方黑帝五炁天君姓葛名贤字永郎（秋都）"等（《上清众经诸真圣秘》卷五，卷一，卷七；《元始无量度人上品妙经通义》卷二；《上清六甲祈祷秘法》；《太清金液神气经》卷中）。

（3）日中黑帝，"日中黑帝讳澄增淳，字玄绿炎，衣玄玉锦帔黑羽飞华裙，建玄山芙蓉冠"（《太上玉晨郁仪结璘奔日月图》）。

（4）北岳黑帝，"北岳恒山黑帝大神"（《太上大道三元品诫谢罪上法》）。

此外，还有"北方黑帝黑瘟神君"及"黑帝通血君"等称呼（《灵宝领教济度金书》卷七、卷六）。

黄帝

道教黄帝之说，大致有如下几类：

一、中央元灵元老君。

二、中央黄帝。

"黄帝含光露"；"中央黄帝讳万福字太仓，巾黄巾，衣黄衣，冠黄冠，履黄履，带中元八维玉门之章"；"黄帝姓麻讳忠慎，中主黄宫制御万神"；"中央黄帝一十二炁天君，姓待（阳）名除（次）字符都"等（《洞玄灵宝自然九天生神玉章经解》卷上；《上清众经诸真圣秘》卷一，卷七；《元始无量度人上品妙经通义》卷二；《太清金液神气经》卷

▶黄帝

中；《上清六甲祈祷秘法》）。

三、日中黄帝。

"日中黄帝讳寿逸阜，字飚晖象，衣黄玉锦帔黄羽飞华裙，建黄芙灵紫冠。"（《太上玉晨郁仪结璘奔日月图》）

四、中岳黄帝"中岳高山黄帝大神"。（《太上大道三元品诚谢罪上法》）

五、历史传说人物黄帝。

▶ 黄帝

《云笈七箧·轩辕黄帝》："轩辕黄帝姓公孙，有熊国少典之次子也。"谓西王母遣女传《阴符经》三百言及兵符、图策等而战胜蚩尤。"黄帝以天下既理，物用俱备，乃寻真访隐，冀获长生久视""登崆峒山见广成子问至道""东到青丘山见紫府先生受《三皇内文》""南至青城山礼谒中黄丈人""登云台山见宁先生受《龙跷经》、问真一之道"，又"炼石于绍云台""合符瑞于釜山，得不死之道"。

黄帝升天后为"太一君"，"后来享之列为五帝之中方君也，以配天，黄帝土德居中央之位，以主四方"，成为中国历史传说中的"五帝"之一。

六、中央黄老君。

中央黄老君最早出现于《上清大洞真经》的《三十九章经》："中央黄老君道经第十九。"其解释：

（1）"太清玉司左院法以中央黄老君太清仙主为教主，即太上老君也"，又有"九仙教主中央黄老君太清仙王"之称（《太清玉司左院秘要上法》）。

（2）黄素元君，"是中央黄老君之母"（《洞真高上玉帝大洞雌一玉检五老宝经》）。

（3）《九中真经》云："中央黄老君者，太上太微天帝君之弟子也。"（《道典论》卷一）"中央黄老君，太上太微天帝君之弟（子）也。以清虚上皇二年混尔始生，日晖重曜。年七岁乃自知长生之要，天仙之法。……太上授以帝君九真之经八道秘言之章，施修道成，受书太极真人。太极有四真人，中央黄老君处其左，得佩龙玄之文，神虎之符，带流金之铃，执紫毛之节，巾金精之巾或扶晨华冠，驾郁华飞龙乘三素之云。"（《上清太上帝君九真中经》卷上）

（4）"第十九中央黄老君，内名满景生比勃通，地上音解脱灾富劫"，"中央黄老君，元五晖之气，讳无英生，字云九夜"（《上清众经诸真圣秘》卷一、卷二）。

此外，黄帝还有"中央黄帝黄瘟神君"及"黄帝中主君"等称呼（《灵宝领教济度金书》卷七、卷六）。

天地全神中的主要神像

天地全神中的主要神像首当其冲的是三皇三清和三官三元，因其重要，在本书已列专章介绍，在本章不再介绍。除上述重要的神像外，还有一些较为重要的神像，以下有所选择地进行简略介绍。

▶ 雷神天君·云南保山纸马

天君

道教对神仙的一种称谓。天君原指主持祭天神仪式者，《后汉书·东夷传》："诸国邑各以一人主祭天神，号为'天君'。"（《海录粹事·政治·祭祀》）

▶ 天尊

亦称主祭天神之人号"天君"。

道教用天君称雷部诸神。雷神有"中天炎火律令大神炎帝邓伯温天君""负风猛吏银牙曜目辛汉臣天君"等。

《三教源流搜神大全》中亦载有"刘天君""谢天君"等。《封神演义》记述闻仲为十四神催云助雨，邓忠、辛环、张节、陶荣、金光圣母等都为护法天君。

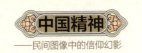
天尊

道教对天神的尊号。《天皇至道太清玉册》云，地称为祇，人称为鬼。天与地、人不同，称为神。天为神指其纯阳清灵之气，造化自然钟气之灵。因此天之神尊曰天尊。道教亦称天神为天尊，指神仙之道极尊。

《真灵位业图》排列神仙位次，将最高神称为"元始天尊"。

《云笈七签》卷三"道教三洞宗元"载天尊有十种名号：第一为自然，第二为无极，第三为大道，第四为至真，第五为太上，第六为道君，第七为高皇，第八为天尊，第九为玉帝，第十为陛下。

道经所称天尊主要有三清，称元始天尊、灵宝天尊、道德天尊；三代天尊即过去元始天尊，现在玉皇天尊，未来金阙玉晨天尊。此外还有九天应元雷声普化天尊、太乙救苦天尊等。

玉清真王

全称"高上神霄玉清真王长生大帝"。为九宸上帝之一。

"高上神霄玉清真王"之称，见于早期《上清大洞真经》。

北宋末道士林灵素称宋徽宗："神霄玉清王者，上帝之长子，主南方，号长生大帝君，陛下是也。"（《宋史·方技传》）

据称，玉清真王为浮黎元始天尊之第九子，专制九霄三十六天。"三十六天尊为大帝统领元象，主握

▶ 玉清真王

阴阳，以故雷霆之政咸隶焉。"其自称："联为浮黎元始天尊之子，玉清神母元君之男，玉清元始天尊之弟，太上老君之叔。"（《无上九霄玉清大梵紫微玄都雷霆玉经》）

玉清真王曾宣说《玉枢宝经》，还有"玉清真王化生雷声普化天尊"之说（《九天应元雷声普化天尊玉枢宝经集注》卷上）。

太微天帝君

道教天神，见于早期《上清大洞真经》。"太微帝君者，生于始青之端，

曜灵彻玄炁未凝之始，结流芳之育法形焉。得御紫度炎光迥神飞霄登空之法，修行内应，上登玉清高上之尊。"（《洞真太上紫度炎光神元变经》）

"太微天帝君，三素云也。""第五太微天帝君，内名超滞天横冥始，地上音勃沙玄无定方。"（《上清八道秘言图》）

"上帝，太微帝君，三十六天帝最尊者，在上清。"（《元始无量度人上品妙经四注》卷一、卷三）

还有称太微天帝君为太上玉晨大道君之弟子的。

▶ 太微天帝君

赵玄坛

亦称"赵公元帅"。道教所奉的财神。其像黑面浓须，头戴铁冠，手执铁鞭，身跨黑虎。故又称"黑虎玄坛"。

相传姓赵，名公明，秦时得道于终南山，道教尊为"正一玄坛元帅"。传说其能驱雷役电，除瘟禳灾，主持公道，求财如意。

王灵官

亦称"玉枢火府天将"，俗称王灵官，也叫王殷元帅，为道教所奉祀的神。

▶ 赵玄坛·桃花坞年画

作为道教镇山护庙神的王灵官，神位虽不高，来历却非凡。据明清时期的神仙传记称，王灵官相传原名王恶，湘阴浮梁之庙神，因其吞噬童男童女，为西河的第三十代天师虚靖真人的弟子萨守坚，飞符火焚，将王恶烧成火眼金睛。

王恶不服，奏告天庭。玉皇大帝即赐慧眼并金鞭，准其阴随萨真人，察有过错，即可报复前仇。

十二年间，王恶以慧眼观察无遗，竟无过错可归咎萨真人。后至闽中，拜萨真人为师，誓佐行持。萨真人乃以"善"易其名，改王恶为王善，并且奏告

天庭，录为雷部三五火车雷公，又称豁落灵官。

宋徽宗时，王灵官曾从玉皇大帝封为"先天主将"，司天上、人间纠察之职。

各地道观内多塑王灵官像，三目，红脸，满髯高翘，开口，露獠牙，披甲执鞭，正对山门。额上有火眼金睛，能辨识真伪，作为镇守山门之神。

▶王灵官·民国·孤品　　▶门神王灵官·民国·孤品

明永乐间（公元1403—1424年）封为"隆恩真君"。

《明史》的《礼志》称："隆恩真君，则玉枢火府天将王灵官也，又尝从萨真君传符法。永乐中，以周思德能传灵官法，乃于禁城之西建天将庙及祖师殿。宣德中（公元1426—1435年）改庙为大德观，封二真君。成化初，改观曰显灵宫。""夫萨真君之法，因王灵官而行。王灵官之法，因周思德而显。而其法之所自，又皆林灵素辈所附会"。

因此，王灵官之职当是道教护法监坛之神灵。明永乐年间（公元1403—1424年），杭州道士周思德能传灵官之法，附神降体，祷之有应，显于京师。周思德还在禁城之西建天将庙和萨祖师殿，以王灵官为火府天将，天庭二十六天将之首。宣德年间（公元1426—1435年），又改为火德庙，岁时致祭。

由于奉祀王灵官的殿堂一般都在道观山门处，因此道教徒进山门后首先朝拜王灵官。只有福建地区民众有称王灵官为天将而专为其建庙，称天将庙。王灵官神诞之日为六月十三日（亦有作六月二十三日），道教徒进庙奉祀王灵官的连绵不绝。

民间关于王灵官的传说与书上的记载稍有差异。相传，他原是"封神榜"上有名的雷部二十四天君之一的王变天君，天上人间，经历几番磨炼之后，到了宋代拜萨守坚真人为师，才成为道教护法神的。

当初姜子牙奉元始天尊之命封神时，给雷部诸天君规定的职责是：行云布雨，万物托以长养；诛逆除奸，善恶由之祸福。这雷部的统帅则是忠心赤胆、无私无畏的九天应元雷声普化天尊闻仲太师。他对部属要求极严，所以诸天君一年到头，周而复始、昼夜不息地巡视天下，洞幽烛微，赏善罚恶，异常辛劳；世上不忠不孝、大奸大恶、祸国殃民之徒，遭天惩雷殛者代不乏人。

王天君更是执法公正，恪尽职守。尽管如此，他深恐万一不慎误伤好人，无法挽回，常思留在凡界亲查亲访，做一些除暴安良、大快人心之事。

天上方几日，人间已千年。待至唐朝贞观年间，王天君的愿望实现了。他托生于湖北襄阳府洛里王姓之家，就是后来见义勇为、闻名遐迩的好汉

▶ 王灵官·民国·孤品

王恶。此人名虽不雅，含义实好，即"降服恶人，除恶务尽"之意。他侠肝义胆，专爱打抱不平，救助穷苦百姓。

王恶字秉诚，父名王臣，早逝，他是遗腹子，靠母亲邵氏抚养长大，臂力过人，性情刚烈，嫉恶如仇，痛恨世道不平，锄奸拔横，不遗余力。但由于性急暴躁，常常轻易动武，也引起一般人的惊惧。王恶游历四方，敢作敢当，除掉了不少害人虫，名声越来越大。

陕西扶风县有一叫王黑虎的恶霸，居然假冒他的威名，抢财夺产，淫人妻女，无恶不作。王恶得知后，气得暴跳如雷，杀死了这恶霸。地方里正竟将王恶送至县衙，县官徇私枉法，不容分说，便喝令左右将他收监治罪。王恶愤怒至极，欲将其拉下堂来狠揍，县官吓得浑身筛糠，连声求饶。

此后，王恶南返荆襄，将引起悲声盈耳的江怪古庙烧成灰烬。江怪怀恨作妖法，适值萨真人驾云携药解救瘟疫而来，灭了江怪。

王恶见义勇为，不畏妖怪，以及诸多抑强扶弱之举，早有地方神表奏天庭，玉帝加恩褒奖，封他为豁洛元帅，管领天下都社令，并赐斗大金印一颗，上篆"赤心忠良"四字。

王元帅府设在天门附近，凡有下界方士奏报，王

▶ 王灵官·清·孤品

元帅均亲自过问，查实有大过者，雷厉风行，以大木槌将之击毙。

后来，王元帅总感与世隔膜，对民间隐忧疾患，知之不详，于是动了深入幽冥之念，他自愿降格，请准到玉枢火府当一员天将，被列在二十六天将之首位。后又任先天大将火车灵官，职司纠察，久值灵霄殿。

宋朝徽宗时期。王灵官出任湖南湘阴县城隍，管领阴界亡魂。这阴界鬼魅无数，面善心黑，诡计多端，性极阴险，善于阿谀逢迎。王善原本性烈，敢于碰硬，可是却对付不了这班口蜜腹剑之徒。久而久之，沾染了阴气，消磨了锐气，渐渐忘记初衷，竟然

▶ 门神王灵官·民国·孤品

作威作福起来，要百姓以童男童女生祀其庙，变成令人又怕又恨的邪神。

萨真人从川西赶至湘阴，见此情况，将庙焚毁。王善迷失本性，反而跑到灵霄殿状告真人无故焚毁其庙，致使他失去栖身之所。玉帝信以为真，令他察访真人过失，便宜行事。

若干年后，真人行至龙兴府江边洗手，忽见一位面阔色赤，满髯高翘，头戴金盔，身披金甲，手执钢鞭的神人伸出水面，上岸后拜道："我即湘阴城隍王善，曾暗中跟踪真人十二年，只候有过，即报前仇。因真人光明正大，隐暗不欺，济世利人，慈悲为怀，没有丝毫违犯天律之处，使我既钦服又惭愧。今天要拜真人为师，奉行法旨，以备驱策。"

▶ 王灵官·民国·孤品

师徒二人欢欢喜喜地同返四川深山修炼。王善后来担任镇山护庙之职后，威灵赫赫，时现法相，额上增长一目，神光如电，妖孽难以遁形，善恶立可辨别。明朝永乐皇帝笃诚崇奉灵官，祈祷每每应验。后从东海获一灵官藤像，朝夕礼敬，待如上宾，出征时必载此像同行，以为护军之神。

永乐中于宫城西敕建天将庙、祖师殿，供奉王灵官及其师萨真人；宣德时改为大德观，封萨真人为崇

恩真君，王灵官为隆恩真君；成化初改观为"大显德灵宫"，四时迁宫致祭。

此后，各地道教宫观，进山门第一殿便是灵官殿，数百年来，香火久盛不衰。"三眼能观天下事，一鞭惊醒世间人"，王灵官威名大振，远远超过其师。后人赞道："王恶不恶，王善不善，过而能改，善莫大焉。"

▶值年太岁尊神·云南
下关纸马

四值功曹

道教所奉的值年、值月、值日、值时的神。传说位于大神之下，相当于古代郡县功曹书吏之类，从事承启传递。道教举行宗教仪式时认为，"上达天庭"的表文焚烧后，须由"四值功曹"递送。

城隍

道教所传守护城池的神。中国古代称有水的城堑为"池"，无水的城堑为"隍"。据说由《周礼》腊祭八神之一的水（即隍）庸（即城）衍化而来。

最早见于记载的城隍为芜湖城隍，建于三国吴赤乌二年（公元239年）；北齐慕容俨在郢城（今河南信阳县南）亦建有城隍神祠一所。唐代以后，各地郡县皆祭城隍。后唐清泰元年（公元934年），封城隍为王。宋以后奉祀城隍的习俗更为普遍，明太祖洪武三年（公元1370年）又正式规定各府州县的城隍神，并加祭祀。

▶本县城隍·云南腾冲
纸马

灶君

亦称"灶君"或"灶王"。中国旧时供奉于灶头，认为灶君掌管一家祸福。《礼记·礼器》孔颖达疏："颛顼氏有子曰黎，为祝融，祀以为灶神。"《庄子·达生》："灶有髻。"司马彪注："髻，灶神，着赤衣，状如美女。"《抱朴子·微旨》："月晦之夜，灶神亦上天白人罪状。"旧俗，夏历腊月二十三或二十四日，用纸马饴糖等送灶神上天，谓之送灶；除夕又迎回，谓

之迎灶。

土地

中国古代神话中管理一个区域地面的神。即古代的"社神"。《公羊传·庄公二十五年》："鼓用牲于社。"何休注："社者，土地之主也。"《孝经纬》："社者，土地之神。土地阔，不可尽祭，故封土为社，以报功也。"《通俗编·神鬼》："今凡社神，俱呼土地。"

如来佛祖

▶ 灶君·武强年画·戚建民出品

如来佛祖，是西方极乐世界释迦牟尼尊者，南无阿弥陀佛。在西牛贺洲天竺灵山鹫峰顶上修得六丈金身。此人神通广大，法力无边。刚一出场便化解了天庭大难。后又多次显露身手，帮着悟空破了重重磨难。堪称《西游记》中的终极大老板。

▶ 如来佛祖·民国·孤品

▶ 土地·陕西凤翔年画

赤松子

中国古代神话中的仙人。相传为神农时雨师，一说为帝喾之师。后为道教所信奉。《汉书·张良传》："愿弃人间事，从赤松子游耳。"颜师古注："赤松子，仙人号也，神农时为雨师。"

▶ 雨师（赤松子）·绵竹年画·李方福出品

▶ 八卦图·云南弥渡纸马

▶ 八卦图·绵竹年画

八卦图

《云笈七签》卷一八："太一君有八使者，八卦神也。"经曰："八卦天神，下游于人间，宿卫太一，为八方使者，主八节日，上计校定凶吉。干神字仲尼，号曰伏羲；坎神字大曾子；艮神字照光宇；震神字小曾子；巽神字大夏侯；离神字文昌；坤神字扬翟王，号曰女娟；兑神字一世（一云字八世）。常以八节之日存念之，其神皆在脐中，令人延年。"

《洞真黄书》有"八卦在天，八卦在地，八卦在人"之说。

第七章

三皇三清：阿Q精神的远古版

元者玄也，玄一不二，玄之又玄为众妙门。始者初也，元始禀玄一之道于元始之初，先天先地为众妙之宗，出生之始，故曰元始。

—— 南北朝或隋唐 作者不详

《元始无量度人上品妙经注》

　　三皇是中国传说中至高无上的古老帝王，道教奉为最高神灵，主要供奉天皇、地皇、人皇。

　　三清是始祖天皇（被尊为鸿钧老祖）的三个得意弟子，即元始天尊、灵宝天尊、太上老君（道德天尊），为道教最尊的天神。

　　人间已经有了帝王，为何民间还要捏造出来虚拟的皇帝呢？这是因为古人受到帝王暴政的统治，在现实中生活得不如意，但又无法改变现实，于是幻想有另外一个世界，另外的皇帝。这虚拟的三皇能量无限大，比现实中的帝王能量还要大，他们的权力也无限大，比现实中的帝王的权力还要大，甚至现实中的帝王也要听从他们的使唤，这样，民间百姓在心理上聊以自慰，得到平衡，获得报复性的满足。当然，这是精神世界中的满足。用现代人的话表述是阿Q精神胜利法。

　　三清则是古代百姓对繁杂喧嚣、污秽杂乱的现实世界的不满，于是生发出现实世界之外还有一个"三清净土无杂染秽"的世界，当然，这也是精神的世界。

　　于是，从三皇三清中，我们看到了中国人的精神之优点，这就是对公正美好善良向上的积极追求，和对纯洁清静的美好追求。

▶三皇·清·孤品　　▶三皇局部·地皇　　▶三皇局部·人皇　　▶三皇·清·孤品

天皇地皇与人皇

　　晋葛洪《枕中书》已有天皇生地皇，地皇生人皇，各治三万六千岁后，圣

▶ 三皇局部·天皇　　▶ 三皇局部·地皇　　▶ 三皇局部·人皇　　▶ 混元天地中的三皇
三清·云南下关纸马

▶ 混元天地中的三皇　　▶ 玉皇神像·　　▶ 玉皇神像局部·　　▶ 玉皇大帝·云南玉溪
三清·云南下关纸马　　　清·孤品　　　　清·孤品　　　　　　纸马

真出现之说。《天皇至道太清玉册》卷一、《元始上真众仙记》中，其释义演化为上中下三组三皇。

上三皇：天皇即玉清圣境元始天尊盘古氏，地皇即上清真境灵宝天尊地皇，人皇即太清仙境道德天尊人皇。

中三皇：天皇即天宝君，地皇即灵宝君，人皇即神宝君。

下三皇：天皇即大吴伏羲氏以木德王也，地皇即神农炎帝氏以火德王也，人皇即黄帝轩辕氏以土德王天下也。

《太平经钞丁部》卷四：天有三皇若三光，地有三

▶ 玉皇大帝·江苏南通
纸马

▶ 玉皇大帝·云南玉溪纸马　▶ 地皇·清·孤品　▶ 人皇·清·孤品　▶ 天地总圣三皇三清·
云南下关纸马

皇高下平，人有三皇若君臣民。

据《洞真太一帝君太丹隐书洞真玄经》：太微中有三皇，一曰皇君，二曰天皇，三曰皇老，此皆三元之炁自然混成之真也。

《太上洞神三皇仪》有天皇主气、地皇主神、人皇主生和天皇上帝主生命，地皇上帝拔死籍，人皇上帝除罪启之说。

三皇的说法众多，但其中最流行的说法还是天皇、地皇与人皇。

天皇

古代神话传说中的帝王，亦称"玉皇大帝"或"天帝"，即上帝，是道教对天神的尊称，即对神仙谱系中高位神仙的尊称。

道教《阴符经三皇玉诀》卷上释义为：天皇者，先天之前五劫开化混沌之始也，天皇一炁，圣化万象，主天圣玉清圣境，明皇之祖炁也。

据《天皇至道太清玉册》卷一，天皇所指又分"上天皇"，即玉清圣境元始天尊盘古氏也，所谓道生一也。"中天皇"即天宝君也，以元始之玄炁，化生中三皇之天皇氏也。"下天皇"即大昊伏羲氏以木德王也，以元始之玄炁化生者也。

古代有关天皇的说法众多，主要有如下指称。

一是指天帝，即玉皇大帝，或称玉皇上帝

玉皇被称为是道教中地位最高、职权最大的神。据《高上玉皇本行集经》

记载，玉皇即昊天金阙至尊玉皇上帝，简称玉帝或玉皇大帝。相传其总管三界（上、中、下）和十方（四方、四维上、下）、四生（胎生、卵生、湿生、化生）、六道（天、人、魔、地狱、畜生及饿鬼）的一切祸福。

据《天皇至道太清玉册》载，昊天玉皇上帝，即天，不得其名，乃称为昊天。黄帝称为玉皇，居上天，故称上帝。《宋史·礼志》载上帝圣号为：太上开天执符御历含真体道昊天玉皇上帝。

二是指鸿钧老祖

在道教中，天皇即盘古，是元始天尊的前身，是至高无上的始祖，被尊为鸿钧老祖，道名元阳上帝，又称为盘古真人、盘古圣王、盘古氏、元始天王、浮黎元始天尊等。

鸿钧老祖生于太元之先，虽然天地沦坏，但是老祖之体长存不灭，每逢天地初开，就会开劫度人。

三是指上帝

天皇也被称为上帝，上帝原为远古时人们对天神的尊称。《诗经·大雅》有"上帝临汝"之说。《孝经》中也有宗祀文王于明堂，以配上帝的记载。古代将五帝、五方五帝神称为上帝。

四是指祭祀的上古帝王亦称为上帝，如三皇五帝

五是远古人们对天的尊称

据《礼记·曲礼》载，古代天子行祭天帝之礼。天、帝二词同义。以一字言，则祀天帝之类；以二字言，则格于皇天，殷荐上帝之类；以四字言，则唯皇上帝、皇天上帝之类；以气所主言，则随方而立名，如青帝、赤帝、黄帝、白帝、黑帝之类，其实所指仍为天帝。

六是指高位神仙

道教用天帝指其神仙体系中的高位天神，如《列仙传》："勤天皇于紫微。"

七是指成神的天尊，如玄天上帝、玄灵高上帝

地皇

古代神话传说中的帝王。道教《阴符经三皇玉诀》卷上释义：地皇者，天皇下降于地，地炁受之，二炁相合，主生化金光之炁，乃是洞神真境，真皇之祖炁也。

据《天皇至道太清玉册》卷一记载，地皇所指又分"上地皇"，即上清真境灵宝天尊地皇是也，所谓一生二也；"中地皇"即灵宝君也，得元始之元炁化生中三皇之地皇氏也；"下地皇"即神农炎帝以火德王也，得元始之元炁化生者也。

人皇

古代神话传说中的帝王，道教《阴符经三皇玉诀》卷上释义：人皇者在天地之间，虚无至理为天皇一炁、地皇一炁太空虚中相合，化金木五星为中宫，合乾坤八卦，保护化身乃仙境，主中元人皇之祖炁也。

据《天皇至道太清玉册》卷一记载，其人皇所指又分"上人皇"，即太清仙境道德天尊人皇是也，所谓二生三，三生万物者也；"中人皇"即神宝君也，受元始之始炁化生中三皇之人皇氏也；"下人皇"即黄帝轩辕氏以土德王天下也，受元始之始炁化生者也。

▶三清·明清版·孤品

结气凝云化三清

三清是道教对其所崇奉的三位最高天神的合称。这三位最高天神指：玉清境清微天元始天尊、上清境禹余天灵宝天尊、太清境大赤天道德天尊。

天尊的意思则是说，极道之尊，至尊至极，故名天尊。

其中所谓玉清境、上清境、太清境是所居仙境的区别，清微天、禹余天、大赤天是所统天界的

划分。

根据《云笈七签》卷六，道教天神和天神所居之胜境有双层含义，第一层含义是：三清者，言三清净土无杂染秽，其中宫主，万绪千端，结气凝云，因机化现，不可穷也。

第二层含义是：所谓"三清净土"是指"三清境"，是天神所居之胜境，其中玉清圣境在清微天，上清真境在禹余天，太清仙境在大赤天。

▶ 三清·明清版

《洞玄灵宝自然九天生神玉章经解》卷上认为，"三清境"为玉清为金宫，上清为火宫，太清为土宫。而在《云笈七签》卷七二中，又称紫微宫、紫霞宫、紫晨宫。

另外，在《修真太极混元图》中说三清者，人之三田也。

住在"三清境"的神仙，也叫"其中宫主"，最高的三位至上神亦称"三清"，它们是元始天尊（又称"玉清大帝"）、灵宝天尊（又称"太上大道君""上清大帝"等）、道德天尊（又称"太上老君""混元老君""降生天尊""太清大帝"等）。

▶ 混沌初分化三教·
河南安阳年画

三清神仙的系统是，太清仙境有九仙：即上仙、高仙、大仙、玄仙、天仙、真仙、神仙、灵仙、至仙；上清真境有九真，玉境圣境有九圣，真、圣之号亦以上、高、大、玄、天、真、神、灵、至为次第。

三清的这两个内涵，从道教历史发展来看，是先出现"三清境"，后有三位至上神居住三清境，尤以唐宋以来宫观建筑的中心是"三清殿"，供奉元始天尊、灵

▶ 三清·明清·孤品

宝天尊、道德天尊三位尊神，一般也称"三清"或"三清尊神"。

据《南史》卷七五《顾欢传》，"三清"一词最早见于南朝宋、齐道教思想家顾欢赋诗言志：五涂无恒宅，三清有常舍，精气因天行，游魂随物化。

顾欢对"三清"释为"常舍"。

梁文学家、史学家沈约的《酬华阳陶先生》："三清未可视，一气且空

▶ 天地三界·云南玉溪纸马

▶ 三崇大帝·云南保山纸马

存。"沈约解释三清是"未可觊""不能窥""学徒不敢轻慕"之境。

《桐柏山金庭馆碑》上也有记载：夫三清者，若夫上元奥远，言象斯绝，金简玉字之书，元霜降雪之宝，俗士所不能窥，学徒不敢轻慕。

梁陶弘景撰《洞玄灵宝真灵位业图》，虽然编了七个中位的约五百多的庞大的神仙谱系，但仍未明确"三清神"。由此可推断，在南朝时"三清"所指是"三清境"。

《魏书·释老志》：又言二仪之间有三十六天，中有三十六宫，宫有一主，最高者无极至尊，次曰大至真尊，次天覆地载阴阳真尊……

它表明道教三十六天中有三清天，亦即三清境。"宫有一主"已明示"三清天"内亦有主，只是最高神名与元始天尊等有差异。

可见，"三清"一词最早出现在南北朝时，多指"三清境"。"三清"先是"境"，从"境"演变为"神"首先是随着道教"三洞"说的流行逐步形成的。"三清妙境乃三洞之根源，三宝之所立也。"（《云笈七签》卷六）

围绕着"三清"有关的尊号，南宋金允中《上清灵宝大法》卷二二也有所总结：三尊之号在经中只称元始天尊，太上道君，太上老君，其别号曰天宝君，灵宝君，神宝君；以三境之名而称则曰：玉清、上清、太清；以三洞之书而名则曰洞真、洞玄、洞神，如此而已。

可见，作为"三清"从其本义来说是作为"天""境"，天上有"三清天""三清境"住着元始天尊、灵宝天尊、道德天尊；地上的道教宫观有"三清殿"，殿内元始天尊塑像居中，左为灵宝天尊，右为道德天尊的塑像，它

▶ 天地三界·湖南隆回纸马

是宋代以降道教宫观建筑之中心，一直保留至今。

三清尊神的形成，是经历了一个漫长而复杂的历程，当东汉末年张道陵在鹤鸣山（今四川大邑县境内）创立五斗米道，尊"太上老君"为最高神。奉太上老君为至上神。

魏晋南北朝时《上清》《灵宝》经的出现，又有元始天王、元始天尊、太上玉晨大道君、太上大道君等新的道教尊神。

鉴于各派新出现的众多神仙，梁陶弘景应客观需要撰《洞玄灵宝真灵位业图》，三清尊神的雏形已基本确立，经过各派进一步的融合、协调，提出道不可

▶ 三清大帝·江苏南通纸马

无师尊，教不可无宗主，故老君师太上玉晨大道君焉，大道君即元始天尊之弟子也。

正是这种师徒关系，使它们成为三位一体的"三清草神"。

据《高上玉皇满愿宝忏》《玉皇宥罪消福宝忏》，"三清尊神"还有"说经教主元始天尊、抱送玉帝道君（灵宝）天尊、流演圣教降生（道德）天尊"。

宁全真《上清灵宝大法》卷一〇载：元始乃道中之祖为灵宝祖师，道君乃法中之祖为宗师，老君乃教中之祖为真师。

这是对职能分工不同的称呼。若以出现为序，先为"老君"，次为"元始"，再为"道君"。

此外，《资治通鉴·后晋王纪》记载，五代闽王供奉三清为宝皇大帝、天尊、老君。

元始天尊的传说

元始天尊是道教最高最尊的天神，居三清之首。又称"玉清大帝""元始天王"。全称"玉清圣境虚无自然元始天尊"，在宫观的"三清殿"中其塑像居中位，大多手执混元宝珠。

▶ 元始天尊·清·孤品

元始天尊约在晋代才在道教神系中出现。它被说成是由赤混洞太无元的青气化生的。每到劫数终尽，天地初开，就出来传授秘道，开劫度人。

传说，元始天尊是鸿钧老祖的二徒弟，掌管阐教。他的弟子很多，其中不乏有名之士。像佛教中的文殊、普贤、观音三位菩萨，以及"过去七佛"中的俱留孙佛等，都曾是他的门人弟子。而杨戬、哪吒、李靖等人都是他的徒孙。

后来，他成为三清教的主管——《西游记》中的玉清圣地先天教祖。

道教排名元始天尊处在无极上上清微的玉清圣境，为三清（玉清、上清、太清）的首席。又说其生于太元之先，故称"元始"。每至天地初开，便以秘道授诸天仙，谓之开劫度人。相传有《元始天尊度人上品妙经》一卷，今《道藏》本衍为六十一卷。

元始天尊之称，是从晋葛洪《枕中书》及《汉武帝内传》出现的盘古真人自号"元始天王"开始。如晋葛洪《枕中书》《元始上真众仙记》记载："昔二代未分，溟涬鸿蒙，未有成形，天地日月未具，状如鸡子，混沌玄黄，已有盘古真人，天地之精，自号元始天王，游乎其中。"

南北朝时，元始天尊为道教最高神的逐步确立，道经《太清金阙玉华仙书八极神章三皇内文·神宗章》中出现了"元始化为盘古真人"，而《云笈七签》卷三则称"两个盘古真人"等，从而元始天尊在梁陶弘景编排神仙谱系的《洞玄灵宝真灵位业图》中编排在第四中位之左位，下注西王母之师，甚至有人还有一说将元始天尊列为第一中位，从而在近二百年间确立了元始天尊在道教中的最高神地位。

历代道教中人对元始天尊有不同称呼，很多人将其称为天王。

《云笈七签·元始天王纪》有关于盘古真人自号元始天王之说。

宋代宁全真的元始天尊的注为"故称云元始天王者

▶ 元始天尊局部·
清·孤品

也"。（《上清灵宝大法》卷一〇"三界所治门"）

元代卫琪在《玉清无极总真文昌大洞仙至》卷三也指出："高上大有玉清宫，比乃元始天王之都。诸经皆称元始天尊，而大洞经独称元始天王，盖尊之至。"

道经《云笈七签·元始天王纪》中言及元始天王：结形未沌之霞，记体虚生之胎，生乎空洞之际，时玄景未分，天光具远，浩漫太虚积七千余劫，天朗气育，二晖缠络玄云，紫盖映其首，六气之电翼其真，夜主自明，神光烛室散形灵馥之烟，栖心霄霞之境。进登金阙，受号玉清，掌括上皇高帝之真。

▶ 元始天尊·明·孤品

《清微斋法》卷上则称：元始天王，元始者实为至道之高称，万道之根本也。龙汉劫中御大罗玄元宝台清华妙元之殿，授玉宸道君以清微妙玄之道。

《玉清上宫科太真文》载：元始天王字混灵上精，则元始丈人之字，在清微天中，治玉清上宫，一切化生禹余天。

《高上太霄琅书文帝章经》又称：元始天王治于梵监天，元始天王所治兜术天。

《上清》《灵宝》经大量出世后，元始天王、元始天尊等新的尊神也流行于世。

但更多记载还是元始天尊，这一称呼更为大气，意为天上地下唯我独尊。

如《太上升玄说消灾护命妙经注》称：元始者，祖气也；天尊者，一灵至贵，天上地下唯此独尊也。

▶ 元始天尊·清·孤品

《太上洞玄灵宝二元玉京玄都大献经》：元始天尊者，至圣之洪名，生成之大号，远穷溟涬，叹以为言，近寻教迹，方可立称。又元始者，言其最先，天尊者，语其高妙，故曰元始天尊。

《洞渊集》卷一：元始天尊者，即天地之精，极道之祖炁也。本生乎自然，消即为炁，息即为神，不始不终，永存绵绵，居上境为万天之元，居中境为万化之根，居下境为万帝之尊，无名可宗，故曰天尊，始世人天矣：不可以理测，不可以言筌，生万物而不宰，化万类而不言，至

▶元始天尊局部·
清·孤品

尊至极曰天尊，居玉清圣境清微天宫焉。

著名的"玄之又玄为众妙门"格言就是从元始天尊而来的。《元始无量度人上品妙经注》卷上记载："元者玄也，玄一不二，玄之又玄为众妙门。始者初也，元始禀玄一之道于元始之初，先天先地为众妙之宗，出生之始，故曰元始。天者，一炁之最上；尊者，万法之极深。当氤氲未联之时，湛然独立，天地温之而处尊大者，故号元始天尊。"

《汉武帝内传》也说他喜欢玄谈，王母曰：昔元始天王时及闲居，登于聚宵之台，说玄微之言。

元始天尊的造经、教化、神通与名号在《太上洞玄灵宝业报因缘经》卷一〇中有所描述：龙汉之初，吾号无形，化在玉清境，出《大洞真经》下代教化，为万天玄师无上法王；延庚之时，吾号无名，化在上清境，出《洞玄宝经》下代教化，为三界医王太上真尊；赤明开运吾号梵形，又号观世音，化在太清境，出《洞神仙经》，下代教化，为十方导师至极天尊。

元始天尊能量无穷，比观音厉害得多，可济度一切众生，入无上道，具七十二相。《太上洞玄灵宝十号功德因缘妙经》这样介绍元始天尊，道君告普济曰：我本师大圣元始天尊，虚无自然妙道化身，从不可名，言尘沙劫来，济度一切众生，入无上道，具七十二相，八十一好，十号圆满，或现千光相，或现无边相，或现大身相，或现小身现，或变身入黍米之中，或开毛孔纳无边世界，或掌三千大世界，或雨露洒热恼众生，或作帝王制伏暴乱，或为贤佐匡乎有道，或有圣君爱降为师，有如是功德、神通、妙相，莫能穷！叹而有十号，攒扬总名。是故十号者，无上道、元始、太极、高皇、光明、玉帝、正法王、大慈父、仙真师、天尊。

《元始无量度人上品妙经四注》卷二，按《龙跷经》元始有十号：一曰自然，二曰无极，三曰大道，四曰至真，五曰太上，六曰老君，七曰高皇，八曰天尊，九曰玉帝，十曰陛下。

儒家典籍《经籍志》云：元始天尊生于太无之先，禀自然之炁，冲虚凝远，莫知其极。天地沦坏，劫数终尽，

▶元始天尊·清·孤品

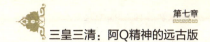

而天尊之体，长存不灭，每至天地初开，或在玉京之上，或在五方净土，授以秘道，谓之开劫度人，然其开劫非一度矣！故有延康，赤明，龙汉，开皇是其年号耳！

古代道教画中，元始天尊的形象是左手虚拈，右手虚捧，象征天地未形，万物未生混沌状态时的"无极"。

灵宝天尊的传说

灵宝天尊是道教天神，为三清之第二位。又称"太上大道君"、"太上玉晨大道君""太上道君""上清圣地通天教祖灵宝天尊""上清大帝""通天教主"。

灵宝天尊在道教神系中出现，则晚于元始天尊，是南北朝时才有的。它被说成是由混太无元玄黄之气所化生，又称太上道君，也随劫运出法度人。

太上玉晨大道君最早出于上清派，还另有"太清大道君"，灵宝派则有"太上大道君"。

作为通天教主的太上玉晨大道君，是鸿钧老祖的三徒弟，掌管截教。通天教祖的门人弟子最多，但大多都是在滥竽充数。不过他也为上天作了不少的贡献。像玉帝手下的二十四星宿、雷公电母、普天星相几乎都是他的门人。

在《封神榜》中，通天教主听信众弟子的谗言，摆了下"诛仙""万仙"二阵，堵住了姜子牙的去路。后来多亏四大教主同心协力才破得此阵。

梁陶弘景《洞玄灵宝真灵位业图》，其第二中位编排为"太上玉晨玄皇大道君"，第四中位之二，编排"上皇太上无上大道君"。

至《上清众经诸真圣秘》仍分别列"玉晨太上大道君"和"太清大道君"。

《云笈七签》分别撰《太上道君纪》《太上玉晨大道

▶灵宝天尊·明·孤品

▶灵宝天尊·明清·孤品

▶ 灵宝天尊局部·明清·孤品

君纪》，为其专门树碑立传。

在《元始无量度人上品妙经四注》中的《大洞经》认为：上清高圣大道君者，一号玉晨君。

《太上洞玄灵宝天尊说救苦妙经注解》则注解为："灵宝天尊即太上大道君也。"

后来上清派、灵宝派的三种称呼，均融合为三清的第二位尊神了。

《一切道经音义妙门由起》《大洞真经》描写太上大道君是母亲怀孕3700年而生的，生于西那天郁察山浮罗之岳：上清高圣太上大道君者，盖玉晨之精气，庆云之紫烟，玉晖曜焕，金映流真，结化含秀，包凝立神，寄胎母氏，育形为人，母妊三千七百年，乃诞于西那天郁察山浮罗之岳，丹玄之阿矣！

《云笈七签》卷三云：太上大道君，以开皇元年，托胎于西方绿那玉国，寄孕于洪氏之胞，凝神琼胎之腹，三千七百年降诞于其国，郁察山浮罗之岳，丹玄之阿侧，名曰器度字上开元，及其长乃启悟道真，期心高道，坐于枯桑之下精思百日，而元始天尊下降，授道君灵宝大乘之法十部妙经。元始乃与道君游履十方，宣布法缘，既毕。然后以法委付道君，则赐道君太上之号，道君即广宣经箓，传乎万世。

《洞渊集》卷一将灵宝天尊描写为视之无象听之无声的"洞道之元"：玉晨道君者乃大道之化身也，言其有不可以随迎，谓其无复存乎恍惚，所以不有而有，不无而无，视之无象，听之无声，于妙有妙元之间大道存焉，道君即审道之本，洞道之元，为道之宗，即师事元始天尊称受弟子焉，犹是老君票而师之矣：居上清禹余天中，降金科宝第三洞仙经付经师罗翘真人，传教于万国焉！

《太上洞玄灵宝无量度人上品经法》卷一：玉晨大道君为灵宝教主，乃元始天尊之弟子，太微天帝之师也，受灵宝上品度人之道。

▶ 灵宝天尊·清·孤品

《元始无量度人上品妙经通义》卷二：灵宝乃道君之号，道君名经宝，以诸经皆由道君演说也。

在道教宫观"三清殿"中，灵宝天尊塑像居左位。民间年画和道教画中，灵宝天尊大多手持如意，或双手捧一半黑半白的圆形"阴阳镜"，象征从"无极"状态衍生出来的"太极"。

▶ 灵宝天尊·清年画粉本·孤品

太上老君的传说

太上老君是道教天神、教主、道德天尊、老子，为三清之第三位。又称"道德天尊""混元老君""降生天尊""太清大帝"等。在道教宫观"三清殿"其塑像居右位，手执扇子。

道教以"太上"为最高之词，用以称呼其神仙体系中最上、最高、最尊之神。太上一词原指最古之世，如《礼记·曲礼》："太上贵德，其次务施报。"

道教用以指尊神，如太上老君。俗称太上老君为太上，或称太上为老君之师。

传说太上老君是鸿钧老祖的大弟子，掌管人教。曾三次下山帮助阐教力退截教众仙。也曾一气化三清，战败过通天教主。《西游记》中，他住在离恨天中，是三清教教主之一的太清圣地混元教祖——太上道祖，即太上老君。

太上老君是道教初创时崇奉的至上神、大教主。"老君"的名称，最早见于《后汉书·孔融传》；"太上老君"的名称，最早见于《魏书·释老志》。

据《老子内传》描写：太上老君，姓李名耳，字伯阳，一名重耳；生而白首，故号老子；

▶ 太上老君·明·孤品

▶ 太上老君·
明清·孤品

耳有三漏，又号老聃。

太上老君原为春秋时思想家，道家学派创始人，姓李名耳字伯阳，谥聃。楚国苦县（今河南鹿邑东）人，任周藏室之史，后辞官，应函谷关令尹喜之邀，著《道德经》五千余言而去，莫知其所终。

神化老子，见诸于文字的，明帝、章帝之际（58—88）益州太守王阜作《老子圣母碑》："老子者，道也。乃生于无形之先，起于太初之前，行于太素之元，浮游六虚，出入幽冥，观混合之未判，窥浊清之未分。"

桓帝延熹八年（公元165年），陈相边韶作《老子铭》：世之好道者，以老子离合于混沌之气，与三光为始终。观天作蹈，升降斗星，随日九变，与时消息。规矩三光，四象在旁，存想丹田，太一紫房，道成身（仙）化，蝉蜕度世，自羲农（黄）以来，世为圣者作师。

这与当时的社会文化背景有关，《章氏丛书·太炎文录二·驳建立孔教义》中描写：尽汉一代其政事皆兼循神道，夫仲舒之托于孔子，犹宫崇张道陵之托于老聃。

《后汉书·楚王英传》中，描写了当时佛教传人，明帝时（58—75）楚王英"诵黄老之微言，尚浮屠之仁词。"

桓帝时（147—167），"宫中立黄老、浮屠之祠"（《后汉书·襄楷传》），"事黄老道"（《后汉书·王涣传》）。

正是在此历史背境下，东汉顺帝时（126—144），张道陵在巴蜀鹤鸣山创五斗米道，奉老子为教主，以《老子五千文》为主要经典．其传道布教的《老君道德经想尔训》云：一者道也。一在天地外，人在天地间，但往来人身中耳。一散形为气，聚形为太上老君，常沉昆仑，或言虚无，或言自然，或言无名，皆同一耳。

此为道书中最早称老子为太上老君。魏晋时神化老子基本完成。

老子出生的神话自古流传。葛洪《神仙传》：其母感大流星而有娠，虽受气天，然见于李家，犹以李为姓，或云老子先天地生，或云天之糟鞠，盖神灵之属。或云母怀七十二年乃生，生时剖母左腋而出，生而白首，故谓之老子；

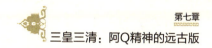

或云其母无夫，老是母家之姓；或云老子之母，适至李树下而生，生而能言，指李树曰："以此为我姓。"

老子出生的神话，多为道教经典所承袭。

在葛洪的《神仙传》中，还有对老子形象的描绘：老子黄白色，美眉，广颡，长耳，大目，疏齿，方口，厚唇，额有三五达理，日角月悬，鼻纯骨双柱，耳有三漏门，足蹈二五，手把十文，以周文王时为守藏史，至武王时为柱下史，时俗见其久寿，故号之谓老子。

当时流传的《仙经》称：老君真形者，思之，姓李名聃，字伯阳，身长九尺，黄色，鸟喙，隆鼻，秀眉长五寸，耳长七寸，额有三理上下彻，足有八卦，以神龟为床，金楼玉堂，白银为阶，五色云为衣，重叠之冠，锋铤之剑，从黄童百二十人，左有十二青龙，右有二十六白虎，前有二十四朱雀，后有七十二玄武，前道十二穷奇，后从三十六辟邪，雷电在上，晃晃煜煜。

古人将老子作为"自羲农以来，世为圣者作师"。葛洪《神仙传》中，将老子具体化了，从上三皇至战国吴时，化为16个"圣者之师"。

关于老子的种种神话，多为道教经典《混元圣纪》《太上老君年诺要略》《太上混元老子史略》《犹龙传》等所吸收。

北魏道士寇谦之于神瑞二年十月（公元415年）以太上老君之名，"授汝天师之位，赐汝《云·中音涌新科之诫》20卷""汝宜吾新科，清整道教，除去三张伪法"（《魏书·释老志》），来改革道教，同时以太上老君神通干预朝政。

魏世祖太武帝拓跋焘，公元440年改年号为泰平真君，是托自老君玄孙李谱文给道士寇谦之"付汝奉持，辅佐北方泰平真君，出天宫静轮之法"（《魏书·释老志》）。

北周武帝建德三年五月（公元574年）诏废佛、道二教时，由于太上老君遣使显灵（当为道教中人故弄玄虚造势），仅一月又下诏"今可立通道观……并宜弘阐，一以贯之"（《周书武帝》《混元圣纪》卷八）。它为后世以太上老君之名干预朝政开了先河。

南朝齐永明三年（公元485年）刘觊买地券，出现了"太上者君符敕天一地二""敬奉太上老君道行正直"等诏书、律令。

▶ 太上老君局部·
明清·孤品

▶太上老君·清·孤品

南北朝时，太上老君已统率"天上天下""地上地下"了。《魏书·释老志》描写：道家之原，出于老子。其自言也，先天地生，以资万类。上处玉京，为神王之宗，下在紫微，为飞仙之主。

这是针对葛洪对老子是"神灵异类"还是"得道之尤精者"争论的总结。

由此，老子成为神宗、仙主合二为一的太上老君了。

唐代李家王朝是有意识地扶植道教来维系其政权的。唐太宗尊李老君为唐李王朝祖先，这一特殊关系使太上老君在道教史上进入鼎盛时期。

据《旧唐书·高宗帝纪》记载，唐高宗追号老子为"太上玄元皇帝"。

据《旧唐书·玄宗帝纪》记载，唐玄宗三次上玄元皇帝尊号"大圣祖高上大道金园玄元天皇大帝"。

还有两次钦定的太上老君诞辰节，玄宗定名为"玄元节"（《混元圣纪》卷八）；武宗改为降圣节（《旧唐书·武宗帝纪》）。

道士们也以太上老君神通参与朝政，辅佐李氏王朝。从李渊父子起兵的隋大业七年（公元611年）至高祖武德三年（公元620年），有楼观道士歧晖（《混元圣纪》卷八）、白衣老父（《旧唐书·高祖纪》）、道士王远知（《犹龙传》卷五，《混元圣纪》卷八）均奉老君旨，为唐李王朝制造"君权神授"的天命舆论。

据《混元圣纪》卷一、卷八）记载，当武后篡夺李氏王朝时，太上老君又显神灵，"武后不可革命"，"不得撤立异姓，亦终惧此言，不敢立武三思"。

此类神话越来越多，这在道教史上是空前的。同时，道教神学理论上神化老君也相应地有所发展。《道德真经广圣义》称："大道之气，造化自然，强为之容，即老君也。"

《太上老君说常清静妙经纂图解注》则称：太者无大，可谓之太也；上者无极，可谓之上也；老者道尊德贵亘古今也；君者主也，一灵为万物之主宰也。

从唐初的《太上老君开天经》至唐末杜光庭《道德真经广圣义》等道书，将太上老君描绘为永恒的创世主、造物主、救世主，成为至高无上无处不有的至上神灵。

宋代掀起了编纂老君传记的热潮，出现了《混元圣纪》《犹龙传》等，收录了不少资料。如《混元圣纪》卷二称：老君降生九日，身有九变。皆天冠天衣自然披体，仍有七十二相，八十一好。

《犹龙传》卷一描绘：老君挺生空洞，变化自然，智慧无穷，圣德周备，形既莫测，号亦无边，在天为万天之主，在圣为万圣之君，在仙为万仙之总，在真为万真之先，在星为天皇大帝，在教为太上老君，或垂千二百号，或显百八十名，或号无为父，或号万物母，与大道而轮，化为天地之根源，浩浩荡荡之不可名也。约而言之，凡有十号，即降生之后，空中十方诸圣赞十号者是也，一号无名君，二号无上元老，三号太上老君，四号高上老子，五号天皇大帝，六号玄中大法师，七号有古先生，八号金阙帝君，九号太上高皇，十号虚无大真人。推此言之，由法身以归真身，由真神以合妙本，皆出处同感之迹也。

宋代皇室真宗于大中祥符六年（公元1013年）加号"太上老君混元上德皇帝"，是历代帝王对太上老君的最后一次加封。

据《诸师圣诞冲举酌献仪》记载，明代有"太清仙境太上老君道德天尊混元上德皇帝"之称。

太上老君自晋以来由于上清、灵宝派相继塑造元始天尊、太上大道君新的神灵之后，逐步从道教最高神，退居于三清之第三位。

但在世俗民间，仍以太上老君为道教教主，如佛寺中塑造三教并祀像，是"释氏居中，老君居左，孔子居右"（《混元圣纪》卷九）。

这一点在元明编撰的《三教源流搜神大全》的"道教源流"中，也有记载。该书中仍以李耳（即老子）为首，由此可见，道教教主在人们心目中依然是太上老君。

为了构成三清尊神的等级序列，太上老君被说成是由冥寂玄通元玄白之气化生的。事实上，道教从创立之时起，就尊奉老子为教主，进而说他上处五京，为神王之宗；下在紫微，为飞仙之主，成了至尊天神，而且常常分身降世，无世不存。但在三清中，其地位处于最低层，显然不合所有道教徒的信

仰，所以到后来，又产生了老子一气化三清的说法。

太上老君道德天尊的形象是手拿一把画有阴阳镜的扇子，象征由"太极"分化出的天地"两仪"（或阴阳"两仪"）。合起来，正是一幅道教的宇宙图式，反映了道教的宇宙观。

三皇三清不仅体现了中国古人的精神追求，还体现了中国古人朴素的哲学观，而哲学思想又丰富和深化了中国古人的精神世界。

这一哲学观就是我们下一章要深入描述的中国古人精神世界的另一奇特景观：一分为三的世界观。

第八章

三元：一分为三的哲学精神

四象五行全籍土，三元八卦岂离壬。

——北宋张伯端《悟真篇》

在古人的精神世界中，喜欢把世界一分为三。除了三皇三清，还有三元、三正、三洞大法师、三宝君等，形成了精神世界中一分为三世界观的奇特景观。

三皇三清本书前一章有专门介绍，三元也是古代民俗文化和道教文化中常常出现的一个字眼，是体现中国古人精神的另一个画面。中国古人喜欢用三数，表现了中国古人一分为三的哲学精神，这种哲学精神又形成了一分为三的世界观，而不是后来我们搞的一分为二的哲学观和世界观。

▶ 天地三元三品三官大帝·四川夹江年画

何为三元？关于三元，在传统文化中有多种说法，主要有如下解释。

第一个意思是谓天、地、水为构成万物的三种基本成分

《云笈七签》卷五六：夫混沌之后，有天、地、水三元之气，生成人伦，长养万物。

第二个意思是称天官、地官、水官三神

三官是道教所奉之神，传说天官赐福，地官赦罪，水官解厄。

据《后汉书·刘焉传》注，东汉张角曾作三官书，为人治病。

后道教又以三官配三元，上元天官正月十五日生，中元地官七月十五日生，下元水官十月十五日生。旧时各地有三官庙、三官殿。《道

▶ 三元宫·四川绵竹年画·李方福出品

▶三元·山东潍县年画　　　　▶三元五子·山东潍县年画

藏》中有《元始天尊说三官宝号经》等。

《唐六典》卷四"祠部郎中"说到道士有三元斋：正月十五日天官为上元，七月十五日地官为中元，十月十五日水官为下元，皆法身自忏愆罪焉。

明代归有光《汝州新造三官庙记》记载：按三官者，出于道家，其说以天、地、水府为三元，能为人赐福、赦罪、解厄，皆以帝君尊称焉。

三元之斋旧俗称为三元节。赵翼《陔徐丛考》卷二五提到：其以正月、七月、十月之望（十五日）为三元日，则自元魏始。

第三个意思是谓日、月、星，或日、月、星三神

《黄庭内景经》说到"上睹三元如连珠"，此处三元即日、月、星为三光之元。

第四个意思是谓三元宫，即玉清元始天尊之居所

南朝齐梁时期陶弘景《真灵位业图》说到有玉清三元宫，元始天尊为主。

三元亦泛指道观。唐代吴筠《游仙》诗之三："三元有真人，与我生道果。"

第五个意思是谓三丹田

《周易参同契》下："含养精神，通德三

▶天地三元·江苏南通年画

元。"俞琰注："三元，上中下三田也。"

第六个意思是谓精、气、神三种生命之宝

《悟真篇》卷上："四象化行全藉土，三元八卦岂离壬。"董德宁注："三元者，三本也。其在天为日、月、星之三光，在地为水、火、土之三要，在人为精、气、神之三物也。"

人生三元又称元精、元气、元神，为中国传统医学的基本概念。

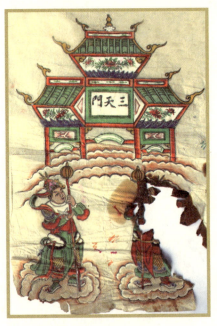

▶ 三天门·清年画粉本·孤品

围绕三元，不同时代甚至不同地区衍生出很多人物和说法，三元真君就是一组人物和说法。

关于三元真君，在古代典籍中众说纷纭，但通常都认为是三天门下三元真君。

《道门科范大全集》卷二六、《上清灵宝大法》卷三九都有记载：上元道化唐真君，中元护正葛真君，下元定志周真君。

据《搜神记》卷二、《三教源流搜神大全》卷二称：三元真君为周厉王三谏官也。王好狩猎，失政。三官累谏弗听，弃职南游于吴。正会楚兵侵吴，三人为吴王各以"神策"迎，楚惧而降，迁官不受。宣王即位，复归周，屡屡建功，迁三官。既升加

▶ 三天门·清年画粉本·孤品

封侯号唐宏字文明罕灵疾，葛雍字文度威灵疾，周武字文刚挟灵疾。

宋祥符元年（公元1008年）真宗册封岱岳，至天门忽见三仙自空而下，帝敬问之，三仙曰：臣奉天命护卫圣驾。帝封三仙曰：上元道化真君，中元护正真君，下元定志真君。赞曰：宋遇真宗天门显身，帝亲问之，方得其因。唐葛周氏天地水神，上奉王诏，保驾圣明，御制妙赞，敕载姓名，祠封大顶，号建三灵。

宋真宗用"三元"命名唐、葛、周为"真君"封号，与天地水神有关。

▶ 三官大帝·江苏南通纸马

三官帝君

三官帝君与三皇三清有类似之处，典籍中有时也将其混为一谈，但尽管概念有所交叉，它们又不完全是一个概念，而更多时候是一个独立的概念。

三官帝君亦称"三官大帝"或"三元大帝"。为天官、地官、水官，是道教最早敬奉的神灵。

天官号上元赐福天官紫微大帝，地官号中元赦罪地官清虚大帝，水官号下元解厄水官洞阴大帝。

《三国志·张鲁传》注引《典略》：请祷之法，书病人姓名，说服罪之意，作三通，其一上之天，着之山；其一埋之地；其一沉之水，谓之三官手书。

三官信仰来自我国古代先民对天地水的自然崇拜。《仪礼·觐礼》中也有记载，是天子在国行会同之礼及诸侯之盟神。

樊绰《蛮书》卷一〇记载，晋氏族苻坚和羌族姚苌等笃信"三官"，唐南诏王异牟寻与唐使订盟时，《盟文》开始写的就是："上请天地水

▶ 三官大帝·四川绵竹年画

▶ 紫微高照·四川绵竹年画·
清版·紫微即天官

三官、五岳四渎、及管川谷诸神灵同请降临，永为证据。"

道教建立后，对"三官"改变了旧有的"会同之礼"与"盟神"的观念。五斗米当时是为病人服罪之"三官手书"的祈祷仪式。

南北朝时，"三官"又与"三元"结合。《太上说玄天大圣真武本传神咒妙经注》卷一、《因缘经》记载，正月十五日上元宫主一品九炁赐福天官紫微大帝于是日，同下人间，校定罪福也；七月十五日中元宫主二品七黑赦罪地官清虚大帝于是日同出人间，校戒罪福也；十月十五日，下元宫主三品五气解厄水官扶桑大帝于是日同到人间，校戒罪福也。

《太上洞玄灵宝授度仪》记载，宋陆修静有"三官所执，生、死、苦考由明法曹"说。

三官后来又与道教"三清境"结合，《元始无量度人上品妙经四注》卷二《三元品诫经说》：上元天官隶玉清境，结青黄白三气，置上元三宫，其中宫名元阳七宝紫微宫，总主上真自然玉虚高皇上帝，诸天帝王上圣大神。中元二品地官者隶上清境，结元洞混灵之气，凝结黄之精而成，其中宫名洞灵清虚宫，总主五帝五岳诸真人及俗地神仙已得道者。下元三品水官隶太清境，结风泽之气，凝晨浩之精而成，其中宫号汤谷洞泉宫，一曰青华方诸宫，总主水帝汤谷神王，九江水府河伯神仙，水中诸大神及仙　簿籍。

《云笈七签》卷五记载，三官还和道教元气说结合：夫混沌分后，有天地水三元之气，生成人伦，长养万物。

"三官"的功能，据《三官灯仪》：真都元阳，紫微宫主，自然大圣，赐福天官，统摄天界，

▶ 紫微·江苏南通年画

役使鬼神，保天长存。中元赦罪，主帝元君，灵真大圣，社稷之神，滋生万物，长养下民，祛除妖怪，保安家国，内外安宁。下元解厄，金朗洞阴大帝水君，清冷之神，驱雷逐电，海晏河清。

道教还多以"三官"连称，如"三官鼓笔""三官考召""三官书过""三官不录"等，其职责与功用演变为考核善恶，司人功过，鼓笔簿录，列言上天。

《灵宝领教济度金书》卷三载有"三官醮""三官醮筵""三官幕""送天官颂，送地官颂，送水官颂"等斋醮仪式的称呼。

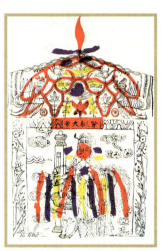

▶紫微大帝·江苏南通年画

南宋金允中《上清灵宝大法》称"三官帝君"，即上元天官帝君、中元地官帝君、下元水官帝君。

另《真诰》引《消魔经》有"岱宗又有左火官、右水官及女官，亦名三官并主考罚"，是管理阴曹地府之"三官"，如"三官即酆都三官，左为火官，右为水官，中为女官，并随事源主司，考掠如世上之六曹"（《元始无量度人上品妙经四注》卷二）。

道教"三官"的神谱体系后发展为三官九宫九府一百二十曹。《太上洞玄灵宝三元品戒功德轻重经》记载：上元天官置三宫三府三十六曹，中元地官置三宫三府四十二曹，下元水官置三宫三府四十二曹，天地水三官九宫九府一百二十曹。三品相承，生死罪福功过，深重责役，考对年月日限无差错。

三正是古人精神中的或与时间吻合，或与三代吻合的时间观和时代观念。据《天皇至道太清玉册》载，道教三正为：子为天正，丑为地正，寅为人正。

三正还有一个意思是指夏正建寅，商正建

▶八卦图·云南弥渡纸马

▶ 三洞大法师·清·孤品

丑，周正建子。

三正观念贯穿着古代道教八卦图的观念。

三洞

三洞大法师即洞真、洞玄、洞神三大法师。

《云笈七签》卷三："此三君各为教主，即是三洞之尊神也。其三洞者，谓洞真、洞玄、洞神是也。"

《太上洞渊神咒经》卷四、卷六记载："道言今有三洞大法师，法师中最上矣！""今有法师，不贪世宦，自求三洞，专行世间。见世危厄，一心疗济，有官事、疾病为其人救之，如此之人，先世大福，福流中国，令故来生为众生之师耳。"

最初的"三宝尊神"并非"三清尊神"，只可称"三洞尊神"，在唐武宗时（841—846）的道教神灵排列，先为元始天尊，太上大道玉晨君，太上老君（此即三清尊神），其后列有"玉清大有天宝君，上清妙玄灵宝君，太清太极神宝君三宝尊神"（《无上黄箓大斋立成仪》卷一五）。在进一步的发展中，是以元始天尊牵头，将"三宝君"、"三清境"、"三洞"相联结，基本完成了"三清"由"境"向"尊神"含义的扩展。

三宝君

三宝君即天宝君、灵宝君、神宝君，也与三清有关，常常是三清的另一种说法。

《九天生神玉章经》："天宝君则大洞之尊神，灵宝君则洞玄之尊神，神宝君则洞神之尊神。"

《道教义枢》卷二一："但知洞真法天宝君住玉清境，洞玄法灵宝君住上清境，洞神法神宝君住太清境。"

▶三官老爷·云南玉溪纸马　　▶灵宝君·四川绵竹年画·清版　　▶灵宝君·四川绵竹年画·李方福绘　　▶三宝君·清·孤品

据《业报经》《应化经》：说洞真经十二部以教天中九圣，大乘之道也。吾以延康元年号元始天尊，亦名灵宝君，化在上清境，说洞玄经十二部以教天中九真，中乘之道也。吾以赤明之年号梵形天尊，亦名神宝君，化在太清境，说洞神经十二部以教天中九仙，小乘之道也。

这里的"三宝君"成为元始天尊的别名，这是"三清"从"境"向"神"扩展的基本完成。

这样，"三洞"、"三宝君"和"三清境"的联结，是"三清"从"境"向"尊神"含义发展的主要线索。

"三宝君"也被称为精、炁、神。《太上洞玄灵宝天尊说救苦妙经注解》："三宝君者，因神、炁、精凝化而有也。神有阴阳，炁有清浊，精有逆顺。于是至人内视返听凝其神，呼吸太和袭其炁，逆运流珠聚其精，三宝凝结于神宝之内，皆化为神，故曰是名三宝君。"

炁即气。我们今天所说的

▶神宝君·清·孤品　　▶神宝君局部·清·孤品

精气神，就是从三宝君而来。

道教天神，居三宝君之首位。《洞玄灵宝自然九天生神章经解义》卷一记载："天宝君者则大洞之尊神，天宝丈人则天宝君之祖炁也。"其解"天者以玄为义，取其自然故以天名，宝者至贵之称，君者至尊之号，谓为群生之所尊贵也。"

按《洞玄灵宝自然九天生神章经注》卷上《藏经众篇》序义云："夫大洞之炁，本生于空，流为洞真，次为洞玄，又次为洞神。前章不言洞真，而曰大洞者，言其本也。"

《道门经法相承次序》卷上："从混洞太无元化生天宝君，天宝君治在玉清境，即清微天也，其气青始。天宝君说十二部经为洞真教主。"

《洞玄灵宝自然九天生神章经注》卷上记载："天宝君玉清元始天尊也。本玄一之炁凝结至高曰天，上有主宰谓之帝，道君帝之先，故为元始。"

道教天神，居三宝君之次位。

《洞玄灵宝自然九天生神章经解义》卷一记载："灵宝君者则洞玄之尊神，灵宝丈人则灵宝君之祖炁也。"其解："洞以虚通无外为义，玄以玄妙不测为义。灵宝者，表神化之无方，为众圣之所贵。其在人也，通达无碍之谓洞，应感无滞之谓玄，神慧而化之谓灵，炁凝而妙之谓宝。"

《道门经法相承次序》卷上："从赤混太无元化生灵宝君，灵宝君治在上清境，即禹余天也，其气白元。灵宝君说十二部经为洞玄教主。"

灵宝君为上清天尊，自一生二为元一之炁，灵者妙不可测。按《藏经众篇》序义云："洞玄是本，灵宝是迹。"

神宝君

道教天神，居三宝君之末位。

《洞玄灵宝自然九天生神章经解义》卷一："神宝君者，则洞神之尊神，神宝丈人则神宝君之祖焉也。"其解："神者变化不测，超然无累之义。宝者至贵之称，君者至尊之号。"

《道门经法相承次序》卷上："从冥寂玄通元化生神宝君，神宝君治在太清境，即大赤天也，其气玄黄。神宝君说十二部经为洞神教主。"

《洞玄灵宝自然九天生神章经注》卷上："神宝君太清天尊也。由二生三为始一之炁。神者阴阳变化不测之名。洞神教法乃太清演太平无为之道。"

三十六天帝

道教天神，因道教三十六天的内涵不同，故三十六天帝有三类：

（1）以九重天为主，各重又生三天，九重总为三十六天，或为"三清三境三十六天"。

对此，《洞玄灵宝河图仰谢三十六天斋仪》卷一至卷四、《上清外国放品青童内文》卷下、《上清众经诸真圣秘》卷二都有记载，三十六天帝之一至十二天帝，在"高上玉清之上"、"高虚玉清之中"、"玄虚玉清之下"为"玉清圣境十二天帝"；十三至二十四天帝，在"虚皇上清之上、中、下"为"上清真境十二天帝"；二十五至三十六天帝，在"虚无太清之上、中、下"为"太清仙境十二天帝"。

（2）以大罗天、三清天和四方三十二天或四梵三界三十二天组成的三十六天。

据《太上说玄天大圣真武本传神咒妙经》卷五，其天帝："东方八天帝、南方八天帝、西方八天帝、北方八天

▶ 西方八天帝·清·孤品

▶ 西方八天帝局部·
清·孤品

▶ 东方八天帝·清·孤品

帝，及中央四天帝，昊天金阙玉皇上帝，先天圣祖长生大帝，紫微天皇大帝，中天北极紫微大帝。"

此三十六天帝未列"大罗天"、"三清天"之天帝。三十六天上帝，昊天玉皇上帝总领先上中天三帝，泊四方三十二天帝。

（3）四方三十六天帝。

据《灵宝无量度人上品妙经》卷二，四方三十六天帝为东方九天帝、玉宸梵瑶天帝、纪乐元须天帝、抱素冲寂天帝、光空百宗天帝等。

同时《度人经》卷三〇也有四方"三十六天帝"，天名与帝名均异。

三十六天帝之外，还有三十三天帝的说法，大同小异。

三十三天帝是玉京天一帝与三十二天帝之合称。《灵枢经》："昆仑山之顶曰玉京山，玉京天一帝，四方各八天帝，凡三十三帝。……玉京天帝所居之殿，《翊圣传》谓之通明殿，以帝之身光与殿光相照。"（《三才定位图篇目》）

另《魁罡六锁秘法》记有"三十三天圣位"。

▶ 东方八天帝·清·
孤品

三 天 大 法 师

一般指正一真人张道陵，即张天师。"正一真人者，汉天师也。姓张讳道陵也。今为三天大法师位，任正一真人，又为三清度师，其真人今居圣真之位。"（《太上老君说常清静经注》）。

又称"三天圣师都天大法师六合高明大帝"（《灵宝领教济度金书》卷

九六）。

《诸师圣诞冲举酌献仪》称其为降魔护道天尊。"祖师三天扶教辅元体道大法天师正一冲玄神化静应显佑真君，六合无穷高明大帝，降魔护道天尊。"

▶ 正一真人张天师·桃花坞年画

▶ 降魔护道天尊·凤翔年画

三十六雷公

亦称"三十六令雷公大神"。三十六雷公之称，大致有三类：

▶ 雷神·云南保山纸马

（1）天雷十二雷公，地雷十二雷公，人雷十二雷公，合计三十六雷公。

（2）三十六雷神。《九天应元雷声普化天尊玉枢宝经集注》卷上称："一曰玉枢雷，二曰玉府雷，三曰玉柱雷，四曰上清大洞雷，五曰火轮雷 有三十六神。""雷帝之前，有雷鼓三十六面，凡行雷之时，雷帝亲击本部雷鼓一下，即时雷公、雷神兴发雷声也。"

（3）三十六雷名。据《道法会元》卷八七，三十六雷名为：五帝雷公、阴阳雷公、四令雷公、六甲雷公、霹雳雷公等。

为何古人喜欢用三数

为何道教喜欢用三数？事出有因，这要从老子一气化三清说起。

道教兴盛比佛教晚，道教徒们想压倒佛教。当时道教初生时，最早抬出的

▶ 福禄寿三星·桃花坞年画

祖师爷是老子，并把老子的《道德经》作为主要经典。后来，道教觉得只有老君一个神不够用，比不上佛教的"三世佛"、"三身佛"气派，于是乎便造出了元始天尊和灵宝天尊，形成"三清天尊"。这"一气化三清"，可以说是佛教"三世佛"的翻版。换句话说，道教中的许多神祇从最高层到底层是跟佛教学习来的。

不仅道教喜欢用三数，中国古人都喜欢用三数，民间年画中有大量表现"三"的年画，如《福禄寿三星》《福寿三多》等，所以三和福有关，是一个吉利数字。

追根溯源，中国人喜欢用三数是由中国传统文化哲学决定的。因为三代表天地人，代表宇宙世界，代表无限大无限多和无限的可能性，可以主宰一切。故而古代民间大量流行《天地三界十方万灵真宰》年画。

三不仅体现了世界的和谐均衡，也体现了人类精神的和谐均衡。后来我们忘记了古人的精神

▶ 福寿三多·杨柳青年画

智慧，在"文革"时期大搞一分为二，非白即黑，非友即敌，不是阶级兄弟就是"牛鬼蛇神"，打倒批臭，还要踏上一只脚。凡事极端，导致的是一个民族的深重灾难。

由此可见古人的智慧。尽管我们科技发达，思想进步，但古人总结归纳出来的一些纯朴的思想观念和哲学观点并未过时，也似乎永远不会过时，或许正是因为人类童年时期，心智未受污

▶ 天地三界·云南玉溪纸马

染，提出的思想才是最简朴和最纯真的，我们后来人往往自以为是，把传统文化中的一些理念当成迷信批判和抛弃，而最终的结果只能是聪明反被聪明误。

如今我们建设和谐社会，也就是回归传统，回归代表无限大、无限多和无限可能性的三元哲学，建立一个丰富的一分为三的世界，在黑白之间，还有一个灰色地带，而灰色才为人的充分发展和社会的无限和谐提供了可能性。

这是辩证法，也是中国古人精神给现代人精神的深刻启迪。

▶ 天地三界十方万灵真宰·朱仙镇年画

第九章

地狱：惩恶扬善的公正精神

年少疏狂今已老。筵席散、杂剧打了。
生向空来，死从空去，有何喜、有何烦恼。
说与无常二鬼道。福亦不作，祸亦不造。
地狱阎王，天堂玉帝，看你去、那里押到。

——宋 倪君奭《夜行船》

中国人精神世界虚构无数天神仙人的同时，又在精神上虚构了一个地狱。如果说天神是代表中国人精神中扬善的方面，那么地狱则是代表中国人精神中惩恶的方面。在惩恶中扬善，无论做好事或做坏事都有报应，无论做好人或做坏人都有结果，俗话说"好人好报，恶人恶报，不是不报，时候未到"。

恶人恶报，即使活着时未报，死了也会有报应，这报应就是下地狱。"好人好报，恶人恶报"，惩恶扬善，这十分合理，也十分公正，在这一点上，地狱实质体现了中国古人追求公正的精神。

地狱阴风寒沁骨

古人认为，地狱与天堂代表了人间的苦难和幸福，罪恶和善良。天堂是神的世界，没有忧愁，没有苦难，有的只是道之不尽的幸福；地狱是鬼的世界，那里阴风森森，没有阳光，没有温暖，有的是刀山火海和鬼受刑罚时的凄厉号叫以及种种说不出来的恐惧。

▶ 水陆画中的地狱·明清·孤品

▶ 水陆画中的地狱·明清·孤品

地狱在梵语中写为Naraka，十八泥犁纤中，列有十八个地狱，十个殿，十殿和十八层地狱是不一样的，到第十殿已经是超生，完结了。

地狱门前往往写着两句话："阴风寒沁骨，无常摄幽魂。"

▶地藏王菩萨·江苏南通年画

这里令人感叹生死阴阳寄在一呼一吸间，一气不来就成永隔，呼天喊地也枉然。然而，此时一切都悔之晚矣，眼前但见一片迷蒙昏暗，似乎只有一缕游丝般的微弱寒光，隐约带领着无助的幽魂缓缓前进。

这里有很多生前一起造业的同事同学和朋友，甚至还有大人物和政府要员，很多熟面孔，但来到这最公正的所在，人人平等，个个面无人色，混杂在众魂中。

中国自古流传一个观念，认为阴间是鬼的居所，并构筑了一套相当完整的管理机构——地藏、城隍、阎王、判官、牛头、马面、无常、小鬼、孟婆等，实际是人间政权机构的翻版。民间常用阎王、地狱来教育人，劝人为善，宣扬善有善报，恶有恶报，六道轮回。在民间，鬼魂信仰比神灵信仰影响似乎更深更广。

地狱宣示了一种精神，这就是地狱门前人人平等的精神。在这里，大人物也失去了昔日嚣张跋扈不可一世的气势。

令人感叹的是，一批高级知识分子以及标榜传道解惑的教师、僧侣及神职人员，也一律在此同等待遇，所以他们的哭泣更令人鼻酸。

地狱门前身高丈余，浑身火焰，身缠铁蛇的鬼王吆喝着，他们青面獠牙，狰狞可怖。白无常摇着白羽扇，黑无常捧着铁算盘，正所谓"一扇挥不去，老账此时结"。红袍判官手掀生死薄，口喝着前来报道的幽魂。

进入地狱的人虽然双腿发软，身子却情不自禁地飘过地狱门。

飘过地狱门后，只见巍巍铁铸的山岩峭壁，冒着终年不熄的赤焰，一望无际，报到后的幽魂，不分贫富贵贱或男女老少，每人身边都伴着一位狰狞恐怖的厉鬼，十分恐怖。

地狱所有现象，无一不是自己生前造孽之形现，生前做尽损人利己、尖酸刻薄、仗势欺人、性情残酷的事情，喜怒无常等事，或言语、行为无所不用其

极，这样的人就要进地狱。

天堂的自在是清净心与善良心所成就，地狱、畜生之痛苦，当然也是恶习所使然。同是一个心，却有两样情，正所谓"苦海无边回头是岸"。

地狱之阴森恐怖，阎王、判官、夜叉厉鬼等无一不是心境的反映，坠入地狱来接受良心的审判，罪业的摧残。是谓"因果报应丝毫不爽，半点不由人也"。

佛教传入后，民间受到佛教思想影响，认为地狱是六道轮回中最劣最苦的。而十八层地狱分别由十殿阎王掌管。其中被认为最令亡灵痛苦的是第十八层地狱。而地藏王菩萨是地狱的教主，统辖十殿阎王，拯救地狱众生。

道教中的十殿阎罗

即秦广王蒋（广明王蒋子文），二月初一日诞辰(一说为二月初二日)，专司人间寿夭生死，统管吉凶。

即楚江王历，三月初一日诞辰，专司活地狱，即寒冰地狱。

即宋帝王余（宋帝明王），二月初八日诞辰，专司黑绳大地狱。

即忤（一作"五"）官王吕（官明

▶第一殿秦王广·民国二年·孤品

▶第二殿楚王江·民国二年·孤品

▶第三殿宋王帝·民国二年·孤品

▶第四殿忤王官·民国二年·孤品

▶第五殿阎王罗·民国二年·孤品

▶第六殿变王城·民国二年·孤品

▶ 第七殿泰王山·民国二年·孤品

王），二月十八日诞辰，专司血池地狱。

即阎罗王包（阎罗天子包拯），正月初八日诞辰，专司叫唤大地狱。

即卞（一作"变"）城王毕，三月初八日诞辰，专司大叫唤大地狱及枉死狱。

即泰山王董，三月二十七日诞辰，专司热闹地狱，即肉酱地狱。

即都市王黄，四月初一日诞辰，专司大热闹大地狱，即闷锅地狱。

即平等王陆，四月初八日诞辰，专司铁网阿鼻地狱。

即转轮王薛，四月十七日诞辰，专司各殿解到鬼魂，区别善恶，核定等级，发往投生。

由于阎王的信仰与中国本土宗教道教的信仰系统相互影响，演变出具有汉化色彩的阎王观念：十殿阎罗。

▶ 第八殿都王市·民国二年·孤品

▶ 第九殿平王等·民国二年·孤品

中国佛教中的十殿阎罗之说源于唐代，相传玉皇大帝册封阎罗王，由阎罗王统率地狱和五岳卫兵。阎罗王更分为十殿，十殿各有其主和名号，称地府十王，统称十殿阎王，而十殿阎王及其一切部众，都受幽冥教主地藏菩萨的管辖。

十殿阎王各有其主、诞辰和专职，大致简述如下：

第一殿：秦广王蒋（广明王蒋子文），二月初一日诞辰（一说为二月初二日），专司人间寿夭生死，统管吉凶。

第二殿：楚江王历，三月初一日诞辰，专司寒冰地狱。

第三殿：宋帝王余（宋帝明王），二月初八日诞辰，专司黑绳大地狱。

第四殿：忤（一作"五"）官王吕（官明王），二月十八日诞辰，专司合大地狱，即血池地狱。

第五殿：阎罗王包（阎罗天子包拯），正月初八日诞辰，专司叫唤大地狱。

▶ 第十殿转轮殿·明清·孤品

第六殿：卞城王毕，三月初八日诞辰，专司大叫唤大地狱及枉死狱。

第七殿：泰山王董，三月二十七日诞辰，专司热闹地狱，即肉酱地狱。

第八殿：都市王黄，四月初一日诞辰，专司大热闹大地狱，即闷锅地狱。

第九殿：平等王陆，四月初八日诞辰，专司铁网阿鼻地狱。

第十殿：转轮王薛，四月十七日诞辰，专司各殿解到鬼魂，区别善恶，核定等级，发往投生。

佛教中的十八层地狱

▶ 地狱·清·孤品

传说中的地狱共有十八层。其实十八层地狱来自佛教，而十殿阎罗则来自道教。

所以关于十八层地狱有两个名称，一个是梵音中的名称，一个是汉语中的名称。

在梵音中，十八层地狱称为光就居、居虚略、桑居都、楼、房卒、草乌卑次、都卢难旦、不卢半呼、乌竟都、泥卢都、乌略、乌满、乌藉、乌呼、须健居、末都干直呼、区通途、陈莫。在梵语中，这些全部是一些刀兵杀伤、大火大热、大寒大冻、大坑大谷等刑罚。

在汉语中，十八层地狱名为：1.泥犁地狱；2.刀山地狱；3.沸沙地狱；4.沸屎地狱；5.黑身地狱；6.火车地狱；7.镬汤地狱；8.铁床地狱；9.盖（山+盖）山地狱；10.寒冰地狱；11.剥皮地狱；12.畜生地狱；13.刀兵地狱；14.铁磨地狱；15.冰地狱；16.铁栅地狱；17.蛆虫地狱；18.烊铜地狱。

十八层地狱分为上九层和下九层。上九层地狱即东地狱，虽叫法

▶ 地狱·清年画粉本·孤品

▶地狱·清·孤品

与酆都略有不同，但也可见地狱何其多也。

在《水陆全图》中下九层的西地狱，刑罚则更为残酷一些。

平常人们所说的十八层地狱，数目是对了，但从意义上却不见得理解。《十八泥犁经》中讲到这十八层的差别，最主要不在于空间的上下，而在于时间和刑罚上的不同，尤其是在时间上。

若与阳世的时间比较，第一层地狱是以人间的3750年为一年，在这里的众生必须在此生活一万年，想要早死一天都不行，而这一万岁就相当于阴间的135亿年。而由于地狱的时间和寿命都是依次倍增的，所以，到了第十八层地狱，便以亿亿年为单位。

所以，十八层地狱更恐惧的是被关押的时间。

十八层地狱是以受罪时间的长短，与罪行等级轻重而排列，若随最短时间，光就居地狱之寿命而言，其一日等于人间3750年，30日为一月，12个月为一年，经一万年，也就是人间135亿年，才命终出狱。

逐次往后推，每一地狱各比前一地狱增苦二十倍，增寿一倍，到了十八地狱时，简直苦得无法形容，更无法计算出狱的日期了。

如此长期的受刑时间，可说是名符其实的万劫不复，痛苦和残酷的景象，是世人所难以想像和理解的。

以下是十八层地狱详解。

第一层，拔舌地狱

凡在世之人，挑拨离间，诽谤害人，油嘴滑舌，巧言相辩，说谎骗人。死后被打入拔舌地狱，小鬼掰开来人的嘴，用铁钳夹住舌头，生生拔下，非一下拔下，而是拉

▶拔舌地狱

长，慢拽……后入剪刀地狱，铁树地狱。

第二层，剪刀地狱

在阳间，若妇人的丈夫不幸提前死去，她便守了寡，你若唆使她再嫁，或是为她牵线搭桥，那么你死后就会被打入剪刀地狱，剪断你的十个手指。

更不用说她的丈夫还没死，就像《水浒传》中的王婆，潘金莲本无意勾引西门庆，王婆却唆使她讨好

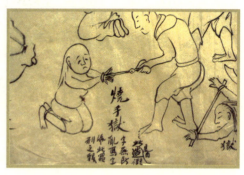

▶ 剪刀地狱·清水陆画粉本·图上"烧"字当为"剪"字之误

西门大官人，并赠予她毒药，毒害武大郎。

且不说潘金莲，西门庆下场如何，单讲王婆，剪刀地狱就让她够呛。

第三层，铁树地狱

凡在世时离间骨肉，挑唆父子、兄弟、姐妹、夫妻不和之人，死后入铁树地狱。

铁树上布满利刃，自来人后背皮下挑入，吊于铁树之上。待此过后，还要入拔舌地狱，蒸笼地狱。

▶ 铁树地狱

第四层，孽镜地狱

如果在阳世犯了罪，即便其不吐真情，或是走通门路，上下打点瞒天过海，就算其逃过了惩罚（不逃则好），都要打入孽镜地狱。

还有犯罪在逃之犯人，逃亡一生也终有死的一天，到地府报到时，会

▶ 孽镜地狱

▶ 蒸笼地狱

打入孽镜地狱，照此镜而显现罪状。然后分别打入不同地狱受罪。

第五层，蒸笼地狱

有一种人，平日里家长里短，以讹传讹，陷害，诽谤他人，这就是人们常说的长舌妇。这种人死后，要被打入蒸笼地狱，投入蒸笼里蒸。

不但如此，蒸过以后，冷风吹过，重塑人身，带入拔舌地狱。

第六层，铜柱地狱

恶意纵火或为毁灭罪证，报复，放火害命者，死后打入铜柱地狱。

小鬼们扒光你的衣服，让你裸体抱住一根直径一米、高两米的铜柱筒。在筒内燃烧炭火，并不停扇扇鼓风，很快铜柱筒通

▶ 铜柱地狱

▶ 铜柱地狱

红。或在铜柱上捆绑起来，用烧红的铁炮烙。

看过《封神榜》，就可知苏妲己的炮烙。

第七层，刀山地狱

▶ 刀山地狱

亵渎神灵者要入刀山地狱。不信神没关系，但不能亵渎神；杀牲者，更别提杀人，只要你生前杀过牛马猫狗，因为它们也是生命，也许它们的前生也是人或许还是你的。阴司不同于阳间，那里没有高低贵贱之分，牛、马、猫、狗以及人，统称为生灵。

犯亵渎神灵和杀牲二罪之一者，死后被打入刀山地狱，脱光衣物，令其赤身裸体爬上刀山。视其罪过轻重，重者甚至"常住"在刀山之上。

▶ 冰山地狱·清粉本·孤本

第八层，冰山地狱

凡谋害亲夫，与人通奸，恶意堕胎的恶妇，死后打入冰山地狱。令其脱光衣服，裸体上冰山。

另外还有赌博成性，不孝敬父母，不仁不义之人，令其裸体上冰山。潘金莲这类的人必定上冰山！

第九层，油锅地狱

卖淫嫖娼，盗贼抢劫，欺善凌弱，拐骗妇女儿童，诬告诽谤他人，谋占他人财产和妻室之人，死后打入油锅地狱，剥光衣服投入热油锅内翻炸，依据情节轻重，判炸无数遍。

有时罪孽深重之人，刚从冰山里出来，又被小鬼押送到油锅地狱里，再受冰火两重天的煎熬。

▶ 油锅地狱

第十层，牛坑地狱

▶ 牛坑地狱

这是一层为畜生伸冤的地狱。凡在世之人随意诛杀牲畜，把你的快乐建立在它们的痛苦上。那么好，死后打入牛坑地狱。投入坑中，数只野牛袭来，牛角顶，牛蹄踩

另据记载，与之相反的还有名为"刀船地狱"的，未在此十八层地狱之列。

十一层，石压地狱

若在世之人，产下一婴儿，无论是何原因，如婴儿天生呆傻，残疾；或是因重男轻女等原因，将婴儿溺死，抛弃。这种人死后打入石压地狱。为一方形大石池（槽），上用绳索吊一与之大小相同的巨石，将人放入池中，用斧砍断绳索

▶ 石压地狱·清粉本

第十二层，舂臼地狱

此狱对人在世浪费粮食糟蹋五谷而设立。比如说吃剩的酒席随意倒掉，或是不喜欢吃的东西吃两口就扔掉，死后将打入舂臼地狱，放入臼内舂杀。

此狱过于苛刻。如果吃饭的时候说话，特别是脏话，秽语，骂街，死后同样打入舂臼地狱受罪。所以此狱提醒人们，吃饭的时候最好不要说话，更不能骂街。

▶ 舂臼地狱

第十三层，血池地狱

凡不尊敬他人，不孝敬父母，不正直，歪门邪道之人，死后将打入血池地狱，投入血池中受苦。

有人对此狱表示不可理解：这里说凡难产，吐血，流血而死（见红而死）之人，死后也应投入血池中受苦吗？

可见古人虚构地狱时，因缺乏科学知识，将正常的疾病也当成做了坏事的报应予以惩罚。

▶ 血池地狱

▶ 枉死地狱

第十四层，枉死地狱

从此狱可知，作为人身来到这个世界是非常不容易的，是阎王爷给你的机会。如果你不珍惜，去自杀，如割脉死，服毒死，上吊死等人，激怒阎王爷，死后打入枉死牢狱，就再也别想为人了。

所以此狱是劝诫在世的人，无论遇到多大的困难，也要顽强地活下去，自杀是懦弱的表现。特别是那些殉情的人更是傻。

第十五层，碟刑地狱

碟刑是古代的一种刑罚，现在不多见了。打入此狱的罪过很大，即挖坟掘墓之人，死后将打入碟刑地狱，处碟刑。

▶ 碟刑地狱

第十六层，火山地狱

这一层比较广泛，损公肥私，行贿受贿，偷鸡摸狗，抢劫钱财，放火之人，死后将打入火山地狱，被赶入火山之中活活烧死或烧而不死。

另外还有犯戒的和尚道士，也被赶入火山之中。由此可见这层应该人满为患了。

▶ 火山地狱

第十七层，石磨地狱

糟蹋五谷，贼人小偷，贪官污吏，欺压百姓之人死后将打入石磨地狱。

凡打入石磨地狱的人，磨成肉酱后重塑人身再磨。石磨地狱对吃荤的和尚、道士皆要惩罚。

第十八层，刀锯地狱

偷工减料，欺上瞒下，拐诱妇女儿童，买卖不公之人，死后将打入刀锯地狱。

▶ 石磨地狱

刀锯地狱行刑方式是把罪人衣服脱光，竖放在虎头凳上，用大锯刀拦腰施行刀锯。

或将人呈"大"字形捆绑于四根木桩之上，由裆部开始至头部，用锯锯毙。

▶ 刀锯地狱

地狱机构有人间特点

地狱传说中关于因果报应、惩恶扬善观念的故事比较多见。但地狱是人类精神上臆造出来的，因此也带有人间的感情和社会特点。如人们也常说阎王好见，小鬼难缠。

同时，人间机构组织的观念被投射到地狱中。在地狱的不断拓展扩大和发展演变中，地狱的组织机构越来越系统化，具有地狱特色的封建主义逐渐开始形成。

在政治方面，地狱属于开明的专制主义封建主义体制，同时具有强烈的官僚主义倾向。

道教中的地狱的最高统治者是阎王（或东岳大帝、阎罗王、地藏王），而下属阎王就有十个之多，相

▶ 第一殿秦广王·清粉本·孤品

当于十大军区司令员。

其中第一殿的秦广王和第十殿的转轮王负责对新鬼进行甄别，确定其善恶指数，并批示处理意见，有重新投胎成人的，有直接升为神的（如关羽、岳飞等），也有投为牲畜的。

其余的八殿负责对犯有各种罪过的鬼进行惩罚，当然，这种惩罚是比较残酷的。比如第九殿负责处理在

▶第十殿转轮王·清·孤品

▶城隍挂号·民初·孤品

阳间杀人放火，被判处死刑的鬼，把他们捉来捆在钢柱上，中间生火，反复烧烤，直到他们所害的人投生，刑罚才结束。

在阎王之下，还有府、州县等各级阴间官方组织，它们的构成与阳间基本保持一致。其基层组织就是我们比较熟悉的城隍。

城隍大致相当于西方的城市保护神，因为官位不高，事情挺多，神仙们都不太愿意做，所以从隋唐以来，往往招募阳间的正人直臣，让他们死后前来任职。

城隍也有不同的级别，比如明太祖朱元璋就曾封天下城隍：其中首都南京以及朱元璋发迹的圣地如太平、临濠、滁州的城隍为"王"，爵位为一品；各府为"公"，爵位为二品，州为三品，县为四品。比阳间同级的官高出了几品。反正给阴间封官许愿不计成本，这种空头支票自然开得越大越好。

地狱的管理与如今的厂长负责制不同，而与市长负责制一样，实行对上级负责的制度，从城隍一直通到上帝。各阎王之间既不是互相统属，也不是相互制约的关系，如果出现意见不一，最终的裁决权力则属于天帝。

地狱管理理念崇尚包青天式的原则管理，强调秉公

▶地狱机构·清·孤品

执法。地狱很开明，表现在其处理事务比较能够遵循公正、公平的原则。世间的冤屈，基本能在地狱得到昭雪。

传说中的阴间处理事情还比较强调人性化，这是因为地狱完全是仿照人间模式构造的，所有的阴间官员都具有人所具备的七情六欲，这也正符合人们造出阴间地狱的初衷。

地狱的形成过程

地狱观念一方面源自佛教中的地狱，另一方面源自中国古代自有的因果报应理念。

因果报应就在罪恶和善良之间。按照中国人的观念，罪恶的人都要下地狱，行善的人都要上天堂。

中国最早的地狱不是丰都鬼城，而是大西北，确切一点说是昆仑山。民间传说，远古时期，昆仑山既是神仙会所，也是鬼魂的聚居区。

为什么地狱是在遥远的昆仑山，而不是在人气旺盛的蜀地丰都呢？这是因为，地狱原本就是中国古人精神中虚构的世界，遥远的地方才有风景，越遥远，越神奇，离人太近，就没有神秘感和恐怖感了。

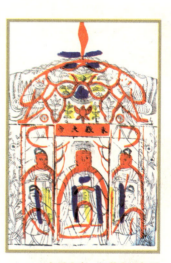

▶ 东岳大帝·江苏南通年画

远古对于鬼的描述曾经很凄惨：人死之后，不是所有魂魄都能投胎转世，有的魂魄不能消散，往往凝成一团，聚集在阴山脚下，只有冬至那天，太阳才照到阴山上，魂魄们才有机会沿着阳光的射线向上爬，爬过阴山的就能重新投胎为人，爬不上去的只好明年从头开始。

随着社会的发展，对鬼的管理也逐渐规范。昆仑山变成了单一的神仙天堂，不再接纳鬼魂，鬼开始转移集中到阴间，形成地狱观念。

阴间的逐渐成型，对鬼魂观念的传播更加有效。后来，才有了尽人皆知的丰都。其实，在中国冥界主宰丰都大帝之前，在昆仑山之后，还有一个泰山神

东岳大帝。泰山是中国地狱观念的过渡地带。

在佛教未传入中国前，中国人的传统信仰认为，普通人死后亡魂会归于泰山之下，于是泰山神东岳大帝成为冥界主宰。

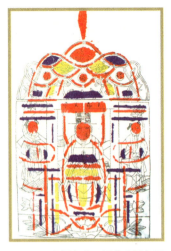

为何首先成为冥司主宰的是泰山府君东岳大帝呢？这是因为泰山在秦汉时期就颇受重视，秦始皇和汉武帝都曾经封禅于泰山。而且泰山是专门负责招人魂魄的，皇帝可去，平民就不一定能去，但鬼是可以去的。

所以，泰山逐渐人格化，成为泰山府君，并且拥有了组阁的人员编制，手下召集了一班跑腿的伙计。

▶ 丰都大帝·江苏南通年画

隋唐以后，随着佛教的兴起，阎罗王和地藏王开始崭露头角，接过控制阴间的权力。

可能泰山是一座正山，孔子曾登泰山而一览众山小，孔子是不信鬼的，所以，阴间自然不太适合巍然泰山了。鬼们发现了一个阴气更重的所在——西南方向的重庆附近，这里有一座平都山，后来也叫丰都山，是道教七十二福地之一。传说中的丰都山又高又大，方圆300里。

鬼们之所以向这里移民，还有一个原因：面对佛教势力的如日中天，道教也不甘寂寞，于是派丰都大帝一脚插进地狱。结果，地狱这个是非之地形成了多头管理，政令百出的局面。

据传说，丰都大帝位居冥司神灵的最高位置，主管冥司阴间天下的所有鬼魂。人类死后均要被打入到地狱，其魂魄无不隶属于丰都大帝管辖，以生前所犯之罪孽，生杀鬼魂，处治鬼魂。

传说中通往地狱的大门就在丰都山，人们认为丰都大帝生活在地底下，那里有一系列地狱，分别有神负责。人死后，按照不同情况，要经过不同的地狱。第一个是每个人都要去的纣绝阴天

▶ 释道补经

▶ 地狱里面的景象

宫，第二个是那些突然死亡的人去进行调查的地方，第三个是杰出或道德高尚的人去的地方。人们如果每天念丰都大帝等几位神的名字，就能驱逐鬼魂。

还有一种说法认为，丰都大帝管理着36个地狱。直到今天，丰都这个地方还被中国人称为"鬼城"，并成为旅游胜地。

无论昆仑鬼王、东岳大帝，还是丰都大帝，其职能、属性、部属及管辖范围都几乎一模一样，民间往往认为这些神为同一神。

万恶淫为首的观念

中国古人的精神意识中，还有一个观念十分值得研究，这就是万恶淫为首的观念，它表达了古人对犯邪淫者的痛恨，尽管这一观念在古代深入人心，但用今天的思想观念分析，它已走向了泯灭天性戕害人性的另一面。

种种观念和行为，现在看来简直是匪夷所思，表现了一个内向的民族心理的畸形和情感上所背负的沉重的精神负担。

如古人的观念中，在因果律上犯邪淫者最严重，其惩罚尤为凌厉。甚至夫妇间，若彼此离了婚，又再去结婚，根据因果律，临命终时，身体会被一把大锯锯割成两份。因为生时曾有两边的关系，故死后业报呈现。

所以，在古代水陆画中，我们常看到有一把大锯，把人从头顶锯到脚尖。这是违背人性的方面。

生前曾结婚多少次，死后就割开多少份，生前曾结婚一百次，死后便分开一百份，乃至每人分得

▶ 对邪淫者的刑罚

一点点，分得零零碎碎，再想把肉体和灵魂聚一起，就不容易了，千百亿劫恐怕也不能复得人身。

▶夫妇离了婚又再结婚，临终时会被锯成两份

当然，地狱观中，对邪淫者的刑罚是公正的。地狱中涉及色狱的较多，如与人通奸要打入冰山地狱，卖淫嫖娼要打入油锅地狱，拐诱妇女要打入刀锯地狱，邪淫者要置于水深火热中被蛇咬等。这些观念今天看也是正确的，可以理解的。

古人说："乐极生悲，纵欲成患。"又说："寡欲必多男，贪淫每无后。"

而万恶淫为首的观念走向了极端化，就会成为对正常人性的残害。如太上说道："见他色美，起心私之。"这也是万恶淫为首。古人认为，对于美色，当眼睛接触的那一刹那，心若是一动，则念想、思慕、贪求的念头，就会缠来缠去而结在心中解不开。

其实，"见他色美，起心私之"本身并没有错，就是见到美女产生爱慕之情，也就是我们今天说的一见钟情，或"爱美之心人皆有之"，不仅没有错，还是美好的感情。将"爱美之心人皆有之"的美好感情视为万恶之首，显然就不是公正了，而且是反人性的。

这是因为，古人认为，色这件事情是人最容易犯的罪，在旧时候它比起贪财杀生等的恶业，还要百倍的难以控制，所以它的败德取祸，也比对其他恶业的惩罚，要百倍的严酷惨烈。

古代地狱观中，所谓的淫其实就是爱。爱的感情和淫的罪恶都非常隐秘，是语言很难说尽的，所以佛教才用了灭除意念的文字，从最初的一念就要开始灭绝，以将众生从痴迷中唤醒。

▶通奸要打入冰山地狱

佛教认为，若是心中萌生了淫这种念头，不用等待身体去犯，就已经是违背了天理，而堕入了人欲，这时候，就已经被阴司列下了无穷的罪业。

所以佛教提示人们于见色起心的

▶ 生前邪淫多少次，死后就割开多少份

时候，不可不从心源处来及早禁止断绝这种隐微又深邃的恶业，应当要在才起念头的时候，立刻就要奋勇地把它一刀斩断，不可以存有丝毫的犹豫，也不可以容有丝毫的情念。

"见色起心"本是人间正常而美好的感情，然而被佛家认为是人一生之中会生病的根本所在。若断除病根，就应当要在"见"字上非礼勿视，这是最上等的预防功夫。一念之差，而万劫莫赎。

如何才能避免被打入万劫莫赎的淫的地狱，古代道德强调，在瞥见或遇到美艳女色，心有所动的时候，就要首先想到：司过之神就在我的身旁啊！三台星神、北斗星君，就在我的头上啊！三尸神在我的身体里面，灶神在我家的厨房里面，门神就贴在我家的门上，他们都在严密地监察着我，有的在准备要攻击我。想到这里，心里感到战栗恐惧，自然而然也就心冷意灭了。

其实这走向了道德的反面。

不过，万恶淫为首在某些方面又是有用的观念。为了杜绝淫心，古人有一句俗话："劝君莫借风流债，借得快来还得快，家中自有代还人，你要赖时他不赖。"

佛教认为，淫欲心一生出来，就会做出各种的恶事，例如在邪淫的缘尚未凑合的时候，心中就已会生出颠倒幻想的妄心来，若是无法勾引到对方，就生出了巧诈的心来，若稍稍遇到了阻碍，便生出了嗔恨心来，欲情颠倒意乱情迷的时候，就会生出了贪爱染着的心，羡慕他人拥有娇艳的美色，就生出了妒忌毒害的心，想要夺取别人的所爱，就会生起杀害他人的心。

淫狱的判官认为，杀人的人，只是杀了别人的一个身体，而奸淫了别人，则等于是杀了她的三世。因为奸淫不只是破坏了那位女子的节操，使得她的公婆父母、丈夫子女，感到羞耻而痛心疾首，甚至因为羞耻而导致了死亡；或是丈夫杀了妻子，或是父亲缢死女儿，或是儿子不认母亲。亲戚见面的时候，也都没有好脸色，而一般正常的人家是绝不肯与她联姻的。

淫狱的判官认为，淫念多的人，则他的善念必定就会少，而淫念少的人，则他的善念自然就会多。所以淫念全部消除的人，五福之中，就能够获得三种福报，第一是长寿，第二是康宁，第三是善终。而常起淫念的人，必定会有疾病的困扰和凶险夭亡的灾祸。

所以明朝的高宗宪说："此身如白玉，一失脚便碎，此事如鸩毒，一入口即死。"

道书说："淫人的罪恶，比起杀人还要加重几等呢！"

佛说："人在这个世间，不冒犯他人的妇女，心也不思念邪辟的事情，因为这个缘故，可以得到

▶ 邪淫者要置于水深火热中被蛇咬

五种善的果报。第一是不会损失金钱，第二是不会惧怕官府，第三是不会畏惧他人，第四是死后可以升天，得到天上的玉女，成为自己的妻子。第五是从天上下生到世间，多是端正的妇女。今天见到有些人，长相端正美好，这都是他前世的宿命，不冒犯他人的妻女所得到的果报啊！"

反之，人若是在这个世间放荡邪淫，冒犯了他人的妻女，会得五种恶报。

第一是家庭夫妻不和，常常损失钱财。

第二是畏惧官府，经常受到官府捶杖的处罚。

▶ 对邪淫者的惩罚

第三是自己欺骗自己，常常会感到恐惧怕人。

第四是死后投生到泰山地狱之中，在铁柱烧得赤热时，却当作是美女一般去抱她，受尽炮烙刑罚之苦，这是因为在世时冒犯他人的妻女，才会得到这种的灾殃，而且这种刑罚都是自己罪业招感的，要经过几千万年才能受完。

第五是从地狱中出来，投生为鸡凫鸟鸭，而这一类的禽鸟，淫佚是不避母子的，而且也没有节制。

其实，从人文主义和人性的角度看，古人的某些观念有些过分了。如男子搞同性恋，也有六种不

可以的道理，只是加速伤害自己的生命而已。这一对待同性恋的观念，与现代观念是相冲突的。

把人的欲念当作杀人的利刃、虎狼、毒蛇、勾魂鬼使，这是与现代人文主义倡导的尊重人的本性和本能是相抵触的。然而，从另一个角度看，对淫邪之人，又确实有用，应辩证看待。

第十章

鬼神：对正义世界的精神向往

菲饮食而致孝乎鬼神，
恶衣服而致美乎黻冕。

——春秋战国《论语·泰伯》

如果说中国人精神中虚构的地狱是对公平的精神诉求，那么，中国人精神中虚构的鬼神则是对正义的精神诉求。

先民造神造鬼，不仅仅是探索天地万物以及人类起源，也不仅仅是因为面对强大的异己力量无法解释而胡编滥造，更是因为在恶的社会里受到委屈和不公待遇，而希望正义之剑从天而降，将所有的黑暗变成地狱，将所有的恶人变成鬼。先民的鬼神观，其实正是对正义世界的精神向往。

古人对鬼神的认识

▶ 十殿阎罗之泰山王·民初·孤品

鬼与神构成了两个世界，一个是地狱的世界，一个是天堂的世界。

地狱是鬼神观念的极端化。在中国远古，最早出现的不是地狱，而是鬼神。

早在三代，夏禹就虔敬鬼神，重视祭祀。《论语·泰伯》中记载了孔子曾赞赏夏禹"菲饮食而致孝乎鬼神，恶衣服而致美乎黻冕"。

在《礼记·表记》中，记载了殷人尊神，率民以事神，先鬼而后礼。

殷商一代更以迷信鬼神著称，在《左传》成公十三年中，记载了商王几乎无事不卜，在定罪量刑方面也诉诸鬼神，认为国之大事，只是"在祀与戎"。

▶ 神的模样

《文选·思玄赋》曾记载商汤时大旱7年，神灵在占卜时指示以人为牺牲祭礼求雨。商汤认为自己为民之首，剪发、修指、洁身，站在柴草上准备引火自焚以祭天，终于感动上苍，天降大雨。

▶ 鬼的样子

西周"既信鬼神，兼重人事"。春秋以降，政权下递，天子失威，社会的大变革和政治变乱，直接导致传统的神权思想受到冲击和批判，鬼神观念开始走向没落。

▶ 鬼的样子

儒家热衷于建立一种以伦理为中心的政治思想体系，兼为统治者巩固俗世的统治秩序在总体上进行出谋划策。《论语·雍也》中，孔子明确表示，"务民之义，敬鬼神而远之"。《论语·先进》中，孔子又说："未能事人，焉能事鬼。"

至西汉建元五年，汉武帝罢黜百家，表彰六经，独尊儒术，儒学开始成为社会治理的指导思想。在"子不语怪、力、乱、神"的指导下，儒生们视鬼神信仰如无物。宋时王安石就有"天变不足畏，祖宗不足法，不言不足恤"的论断。

明代首辅张居正更是深恶各种形式的迷信，他曾痛斥神仙方术"其言幻幻漫漫"，"其效茫茫唐唐"。

从上述内容，还是不能了解鬼到底是什么东西。相对中国儒家文化泛泛而谈鬼，在道教中，鬼的意思似乎更加明确一些。在道教中，鬼有如下几个意思：

（1）指人死为鬼。

《说文·礼祭法》："人死曰鬼。"又《太清玉册》卷五："虽修道而成，不免有死，遗枯骨于人间者，纵高不妙，终为下鬼之称，故曰鬼。"

▶ 鬼的样子　　　　　　　　　　　　　　　　　　▶ 人死为鬼

（2）指人死后的灵魂。

《灵宝无量度人上经大法》："人死而灵者，鬼也。"

《论语·先进》载孔子论鬼神："敬鬼神而远之，可谓知矣。"

（3）指二十八宿之一。

朱鸟七宿之第二宿，有星矢，属巨蟹座，星光皆暗，中有一星团；晦夜可见，称曰"秋尸气"。

《博雅》中提到的"舆鬼天之庙"，《晋书·天文志》中提到的"舆鬼五星天目也"，《观象玩占》中提到的"鬼四星曰舆鬼，为朱雀头眼。鬼中央白色如粉絮者，谓之积尸，一曰天尸，如云非云，如星非早，见气而已"，都是说的鬼是天上的一颗星，即二十八宿之一。

古人为何相信鬼神

孟婆为幽冥之神，建醧忘台，凡是投胎转世者，皆要到醧忘台，饮下孟婆汤。饮过此汤，方能步上轮回路。

鬼神实乃虚无缥缈的事情，古人为何相信鬼神呢？这是因为在一定历史时期中，人类对自身无法克服的自然现象，会表现出恐惧，这种恐惧是鬼观念的主要起因。

人类社会刚出现，由于阶级矛盾的不可调和，使得人们将现实中的苦难和不平在虚拟的世界中得以宣泄。这里，一方面人们痛恨等级制度中的压迫与被压迫，另一方面，人们又创造出一个虚拟的，与现实社会大体相同的等级社会，赏善罚恶。

▶ 鬼神世界·清·孤品

周作人说："我不相信人死为鬼，却相信鬼后有人。"也就是说，鬼故事往往说的是人类社会本身的故事，是统治者用来教化、警戒百姓的工具，它的作用往往是律法和道德所起不到的。

在洪荒时期，人们对一些英雄人物的崇拜和夸张的赞美产生了神话，比方神农、燧人、女娲等。到了先秦两汉，充斥在思想领域的则是仙风道骨。魏晋以后，便是游弋着冥鬼幽魂。

鬼神观念是古代先民哲学思想的重要组成部分。魏晋南北朝时期，鬼故事犹如雨后春笋，成为当时小说的主流。志怪小说勃兴于魏晋，南北朝时期到达了顶峰。而且，有关魏晋六朝志怪或者鬼神文化研究的力作也迭出。

在这些鬼怪传说中，我们可以看到，原始人已经开始提出一些具有世界观意义的问题。原始人的思想虽然简单，却喜欢去思考那些巨大的问题，例如天地缘何而始，人类从何而来，天地之外有何物，等等。

关于天地缘何而始的问题，远古人类的抽象思维的能力是很低下的，他们的知识又是非常贫乏的。因此，要原始人对上述问题作出理论性的结论，是完全不可能的。他们只能借助于幻想，建立起一种幻想的世界，生成演化出鬼的图式。

▶ 鬼神世界·清·孤品

▶ 孟婆亭

▶ 鬼的样子

古人相信，地狱有助于人们行善，地狱的存在鼓励人们布施，只要行善积功德，就会得到善报。一生当中能乐善好施、遵循五伦、孝养父母、奉侍师长、慈心不杀者，临终必得善终，或升天或再得人身。故一生所造作之业，攸关着来世的前途，这是自己造作，不是老天安排，更非神明所作。

地狱观念还让渔樵耕读、士农工商相信各有因缘福报，富贵贫贱皆有因缘，不必欣羡，不用气馁，明白因果事理之后，方能心开意解，安守其道。所谓"素富贵，行乎富贵，素贫贱，行乎贫贱"，丝毫无半点怨尤，才是消业之道。

古代一些道教经典为人们相信鬼神起到了推波助澜的作用，如《玉历》中说：玉皇天尊命孟婆为幽冥之神，建醧忘台，凡是投胎转世者，皆要到醧忘台，饮下此汤，忘记前生之事，再投生去。

其意思是说，饮过孟婆汤，步上轮回路。鬼魂饮下忘魂汤，善者饮后投胎为人，更为聪明、强健；恶人饮后神智昏暗，疲惫衰弱，令其有自新机会。

佛教也为人们相信作了一些不遗余力的宣传。佛云：人身难得犹如盲龟遇木孔，如此千载难逢得此人身，更要珍惜，好好做人，毕竟六道轮回，实在太苦，芸芸众生久远以来，沉沦于此已浑然不知，今能闻道佛法，仿若千年暗室一线光明，当要把握，认真学习，方能永脱轮回之苦。

道教经典《太上》中说："祸福无门，唯人自召，善恶之报，如影随形。"

这些经典再配合古代的宗教画、水陆画、民间年画等，都是教诲人们相信鬼神，"诸恶莫作，众善奉行"。

在这样的观念引导下，古人坚定地相信鬼神的存在，并在精神上尽量做到不断弃恶从善。

▶ 孟婆亭

鬼与神是相对的

从总体上说，汉民族崇拜一切鬼神，总是带着明确的目的，实用功利的成分胜过了敬仰的因素。人们创造鬼神世界，以宗教整理鬼神世界，目的都是为了证明人世社会。

人们在创造鬼神世界的时候，将人世间所存在的一切等级制度，搬到了天上地下，在那里建立起一个鬼神世界，再用来证明人类社会等级制度的合理。

在地狱这个鬼道世界里面，人们想象着将命终时有冤仇心或嗔心重的人投生鬼道，并把鬼道分为很多种，福气大的鬼生前做过很多善事，往往被天帝封为

▶ 鬼神世界·明清·孤品

▶ 鬼神世界·明清·孤品

神，比如天神、山神、河神、土地神、城隍等。

这些神的寿命很长，最少也几十万年之久，生活很快乐，美衣美食、神通自在还有人类上供，而且还管理着鬼众。

这些鬼众中，小福鬼有点福气，无福鬼缺吃少穿，饿鬼道就更惨了，因为生前贪得无厌而作恶的缘故，所以活得非常惨，没吃没穿，口吐煊火。

枉死鬼（自杀鬼）就更惨了，一日夜要重复自杀痛苦无数次，痛苦不堪，所以常常去寻替身，自己好解脱出来，哪怕投生个动物也比这种状态好很多。

还有一种可能遇见的鬼是人死后的灵魂，在佛教中叫灵魂为神识。从人死后到他进入轮回的这段时间叫"中阴"，这时的神识叫"中阴身"。

所谓中阴身，就是刚死49天内，善恶未定时的状态，如在梦中，甚至感

▶地狱·清·孤品

觉自己还没死像做梦，看到亲人在自己的遗体前哭泣才发现自己已经死了，便去劝亲人莫悲伤，可不是血肉之躯，别人看不见也听不见。因为如聋如痴，于是就心中烦恼恨不得马上投生。

有时有的人死亡的原因很冤屈或是很突然，那他的中阴身就会受到怨气、憎恨的影响，而停留在人道中不肯去投入轮回中，如果能化解他的怨气和憎恨就可以用特殊的方法超度他使他重入轮回。

随业轮回六道，还有一种叫"夺舍"，就是中阴身游荡时遇到有因缘的而且快生产的孕妇便投生了，这种往往能记得前生之事。

大善之人不经中阴身而升天做天人，甚至还有去别的星系世界做天帝的，福报受尽随业轮回，善比恶多的做人类，愚痴而作恶的投生旁生道（动物界），贪心做恶的投生做饿鬼，罪大恶极者投生地狱道。

这就是中国古人的地狱观念。

在地狱思想体系中，有一个有趣的观念，就是有时鬼也能化作人身。乍看之下，以为是个人，其实是鬼。若你是开了五眼的人，鬼就不能欺骗你了。在中外电影中特别是香港鬼片中，常常可以看到这种情况。

鬼又能变畜生，诸如马牛羊犬、鱼类、小白兔等。为什么能变呢？因为他有神通。或者变为蚂蚁、蚊虫、苍蝇、雀鸟、蜜蜂等。

即使美好的景色，在古人的精神世界里，也会生出鬼的化身。

▶枉死鬼·清末·孤品

▶轮回·清·孤品

如春天时百花盛开，在花丛中有一群蜜蜂在采蜜，其中就有很多是鬼的化身。在花丛里有真的蜜蜂，也有假的蜜蜂。真的蜜蜂是循业受报；假的蜜蜂是鬼所变化。它们到各处去吃花蕊、饮花露。故不要以为鬼一定是看不见的。只不过"对面不识鬼"罢了。

▶ 鬼变畜生 · 清末 · 孤品

鬼 的 种 类

鬼的种类很多。一般人皆以为鬼是狰狞可怖、青面獠牙的，其实这不一定。

细心研究《楞严咒》，可知道鬼也有千差万别，形形色色，他们都是感果受报，随类而现。《楞严咒》里多是鬼神王名字，其中有夜叉鬼（捷疾鬼）、罗刹鬼（可畏鬼）、守魂鬼、守尸鬼、毗舍阇（瞰精气鬼）、鸠槃荼（瓮形鬼，又谓魇魅鬼）、大身鬼、癫鬼、臭鬼、富单那（恶臭鬼）、热鬼、寒鬼、影鬼、音乐鬼等。

此外，还有食花鬼、食产鬼、食胎鬼、食脂鬼、食灯鬼、食五谷鬼等，其变化无穷无尽，无量无边。

《楞严咒》告诉人们鬼有那么多种，鬼比人多。人造罪业，便堕到鬼道而不能自拔。

▶ 夜叉鬼

鬼与善恶有关

▶ 罗刹鬼

鬼世界是现实的世界，是人们在现实中实现不了的善恶寄托在鬼世界中，让鬼世界给予公平裁决，在精神上虚构一个正义的世界，让作恶多端的人在鬼世界中受到惩罚。

鬼世界不仅是道教中的观念，也是佛教中的观念，鬼世界轮回是佛教思想的重要组成部分。

有了这种思想，往生净土才显得更加紧要，更加迫切。从常识上看，想象这种假设的鬼世界境界是可怖的，因而也就特别容易引起人的好奇心。

这种好奇心敷衍出诸多有关鬼的传说。如传说地狱中的鬼也有鬼的眷属和朋友。他若是知道什么地方有东西吃，便请朋友一起去吃。譬如有一种吃花鬼，能化作蜜蜂或蝴蝶，到处去吃花蕊和喝花露。

饿鬼所感的果报，是常被火焚，连一点逃避的机会都没有。它身体里面也有火，外面也有火，内外有火，烈焰交煎，痛苦难言。

为何有此果报？因为做人时脾气很大，所以死后变成鬼也不舒服，昼夜炽燃，永无了期，想躲也躲不开。故善恶因果，如影随形，昭昭不爽。

下地狱的种种鬼的业报，皆由其因缘所感。如是因，如是报。所谓起惑、造业、受报。是故当知，为善福随，作恶祸追，如响应声，受苦感乐，都是自己造成的。

可见，鬼与善恶有关，做人时所做的善恶，做鬼时得到报应。

▶ 饿鬼

▶ 为善福随作恶祸追

古代文学中的鬼世界

从六朝的志怪小说起，古代文学作品中描述鬼世界情况的越来越多，如目连救母的故事，《聊斋志异》里的《席方平》，都是很有名的。鲁迅《古小说钩沉》中收入的南朝齐王琰的《冥祥记》里的一则鬼世界故事，很有代表性。

故事说的是在晋朝有一个叫赵泰的人，字文和，住在清河贝丘。

赵泰35岁时，突然感到心痛，很快就死了。准备埋到地里面的时候，心还是暖的，胳膊腿都可随人的搬弄而屈伸。

▶ 鬼世界中的府君

于是，家里人留尸十日。一天早晨，突然他的喉中有声如雨，一会儿后又活过来了。

赵泰说，他刚刚死的时侯，梦到有一人挨近他心口。后来又有二人，乘黄马，有两个随从，夹扶泰腋，径将东行。

▶ 炎炉巨镬焚煮罪人

不知走了多远，来到一座大城，崔嵬高峻，城色青黑。

赵泰向城门走去，经过两重门，看到有瓦屋数千间，男女大小数千人，行列而立。

这里的官吏身着皂衣，有五六人条疏姓字，并呈给府君。

赵泰的排在第30名。一会儿后，他与数千人男女一起走了进去。

府君向西边坐，大致看了名簿，要赵泰向南边走进黑门。

只见一个人身穿绛衣，坐在大屋下，依次呼名，问赵泰活着的时候的所作的事："作何孽罪？行何福善？谛汝等辞，以实言

▶鬼世界所见·明清·孤品

也。此恒遣六部使者，常在人间，疏记善恶，具有条状。不可得虚。"

泰答："父兄任宦皆二千石。我少在家修学而已，无所事也，亦不犯恶。"

于是遣泰为水官监作使，将二千余人运沙彼岸。昼夜勤苦。后转泰水官都督知诸狱事，给泰马兵，令案行地狱。

赵泰所到的各个地狱，所见的刑罚都不一样。或针贯其舌，流血竟体。或披头露发，裸形徒跣，相牵而行，有持大杖，从后催促，铁床铜柱，烧之洞然，驱迫此人，抱卧其上，赴即焦烂，寻复还生。或炎炉巨镬，焚煮罪人，身首碎堕，随沸翻转，有鬼持叉，倚于其侧，有三四百人立于一面，次当入镬，相抱悲泣。或剑树高广，不知限量，根茎枝叶，皆剑为之，人众相訾，自登自攀，若有欣意，而身首割截，尺寸离断

赵泰走出此舍，又看见一城，方二百余里，名为受变形城。地狱考治已毕者，当于此城更受变报。

赵泰走进其城，看见土瓦屋数千区，各有坊巷。正中有瓦屋高壮，阑槛彩饰。有数百官吏对校文书，云杀生者当作蜉蝣，朝生暮死；劫盗者当作猪羊，受人屠割；淫逸者作鹤鹜獐麂；两舌者作鸱枭鸺鹠；捍债者为驴骡牛马。泰案行毕，还水官处。

主簿说："你无罪过，故相使为水官都督；不尔，与地狱中人无以异也。"

主簿说完后，打开誊箧，检查泰的年纪，还有三十年的寿命，于是就要赵泰回到了人间。

临别，主簿者说："你已经看到了鬼世界罪报就是这样的，应当告诉世人，让他们多多做善事。善恶随人，其犹影响，不能不谨慎行事啊！"

▶主簿

古代文学作品中的鬼世界，形象表达了古人的鬼观念。

鬼神王的威力

传说中的鬼神王都具有大威德，能斩妖除害，制诸外道。他们用折伏法，降伏一切旁门左道、魑魅魍魉、牛鬼蛇神，凡是邪知邪见、邪术邪法的害群之马，他都能调伏。他能生善灭恶，折邪破魔。

古人认为，恶魔就像那些不讲理的人。凡是蛮不讲理、乖戾跋扈的人，都是恶魔转世。你对他再好，他也不觉得你好。乃至你把血肉也牺牲了给他，他还是不知足，不感恩，贪得无厌。

为什么这样呢？这是因为历劫的恶习熏陶，根深蒂固，冥顽不改所形成的劣性。

▶ 鬼神王率领的天兵天将·明清·孤品

楞严咒里的鬼神王，各率领其眷属，诸如天兵天将、天曹、金刚力士等。他们皆守护十方，拥冲行人，绍隆道场。狗有狗的鬼魂，猫有猫的鬼魂，大众生，小众生，都有其鬼魂。

虽然人常怕鬼，其实人和鬼根本没有分开；鬼在阴间，人在阳界，但阴阳本是一体，无分轩轾，没有界限的。鬼是贪嗔痴重，比较起来，人是戒定慧多一点。因此，鬼成为一股阴气，而人及畜生，则禀气而成形。

因为有种种执著，人才钻进五蕴的樊笼，而逃不出色、受、想、行、识的范围。这个五蕴网把我们自性遮障，犹如乌云蔽日。

其实，阴阳本是一体，只是被五蕴之云层所分开而已。人被五蕴阵所困，鬼也被五蕴稠林所缠，故在业海

▶ 鬼神王属下的天曹·明清·孤品

浮沉，生生死死，死死生生；生时为人，死时变鬼。

鬼世界是人间的投影

鬼世界是人间的投影，鬼世界里也有官官相护的黑暗的一面。

比较极端的如《聊斋志异》中的《席方平》，虽然鬼世界里金钱依旧万能，官吏一样贪财，甚至比人间更加明目张胆，颠倒黑白，但是席方平最终还是靠告御状，最后扳倒了从小鬼到城隍一直到冥王的大小阴间官员。

但这是个别情况，在大多数的故事中，阴间的吏治还是比较廉洁奉公的。

▶ 鬼世界也有官官相护·明清·孤品

▶ 鬼世界是这样判案的·明清·孤品

比如《子不语》中有一个故事说，有一位姓徐的富商把一座荒废的土地庙买下造别墅，结果土地爷到城隍那里告状。按照一般的思路，城隍可以弄死这位富商，但城隍还是按照惯例把富商拘到阴间审问，最终认为不知者无罪，只是命他让出土地庙，再让戏班子演两场戏赔罪了事。既强调了法律的公正性，又显示出了世俗的人情味。

鬼世界有一个观念现在看来是十分消极的，鼓励人们不思进取。鬼世界认为人的命运不是掌握在自己手上，而是掌握在鬼世界的功过簿，命运是既定的，不会改变的。

根据这一命定说的原理，每个人在世间的命运都是确定的。即人间所有的生死、富贵、机遇等全部由阴间控制，所有人的命运都记录在功过簿子

▶ 鬼世界也有政出多门效率低下的情况·明清·孤品　　　▶ 阴间比阳间更忙·明清·孤品

上，并且以人在世间的善恶行为作为基础，根据人在阳间的功劳过失转化为寿命、官位等指数，做出相应的奖励和惩罚。

古代文学中有很多故事，说有些鬼觉得自己死得冤，到阴间申诉，打官司，然后阎王命人查看记录本，做出相应的解释。在必要时，还会从阳间召唤证人。一般来说，冤魂只要有合理要求，都可以任意检索。

既然鬼世界是人间的翻版，那么也自然有效率低下的问题。由于鬼世界掌管的事物太多，一方面阴间鬼的事务需要管理，另一方面人间的所有事情需要登记造册。加上天上神仙时不时插手生死寿夭等琐事，政出多门，自然乱上加乱。而判官们在讨论某人的具体功过时，也有很难决断的时候。

比如有一次，有人做梦，梦见孔子、关羽等人在讨论一位孝子的寿命及官运问题，这位孝子对母亲极其孝顺，但同时又与邻居女子关系暧昧，几位神仙圣人各执己见，争执不下。

这种事情，即便是圣人、神仙，理论起来也很棘手，何况是比神仙智力还低很多的阎王呢？

还有一位叫罗之芳的举人，死后做了浦城县的城隍，每年中秋通过扶箕与家人联系，有一回，他就向家里人诉苦说："你们不知道，阴间比阳间更忙，公事多如牛毛，加班是常有的事。全年只有中秋节可以带薪休假，而且这天还得天气晴好，无风无雨，才能出趟远门。我能有机会跟你们说说话，运气算很好了。我的一些资深同事，已经多年没有跟家人联络聚会了。"

即便忙成这样，还是处理不完事情。同时，由于实行政务公开，查问的人特别多，阴间管理又特别认真，所以往往非常拖沓。

比如，有一位名叫尹廷治的普通百姓，因为没犯什么错就早夭了，土地爷就教他去阴间申诉。结果，路上碰到天神狮子大王，很有正义感，也很爱管闲事，就一层一层地调档案，查问处理此事的责任人，责任人的上级、上级的上级，一直请出阎罗王。

最后检查的结果是，原来阴间要勾的是尹廷治的魂，他的叔叔在阴间生死名册的登记部门做秘书，为了救亲侄子，用移花接木之术，把"治"改为"洽"，因此勾魂使者拿错了人。事情的原委查清楚后，再一级一级地处理责任人，放尹廷洽还阳。虽然处理公正无私，但这种冗长的程序、拖沓的速度，往往会影响到阳间的正常生活秩序。

鬼世界的政治体制其实是人间社会的投影，鬼世界的形态，无非是将人在现实社会的愿望结果无限放大的产物。

不过，讨论地狱的政治体制对于被打入地狱的人意义不大，人们感觉中的鬼世界是恐怖的，而往往不会想到它的体制优劣，因为人们更关心的是鬼世界到底有哪些令人恐惧的刑罚。

▶判官也有出错的时候

鬼世界中的地狱其实就是心狱，做了坏事，就进入了地狱，其实是进入了自己设置的心狱。这才是恐怖和恐惧的根源所在。虚构鬼神世界，代表了人们走出恐惧、走向正义世界的理想愿望和精神追求。

第十一章

和合：中国文化精神的精髓

寒山：世间有谤我欺我辱我笑我轻我贱我骗我如何处治乎？

拾得：只要忍他让他避他由他耐他敬他不要理他，再过几年你且看他！

——唐 寒山拾得《忍耐歌》

倏尔过春秋，寂然无尘累。

碧涧泉水清，寒山月华白。

快哉何所依，静若秋江水。

默知神自明，观空境逾寂。

——唐 寒山

和合二仙是民间传说之神，主婚姻和合，故亦作和合二圣。同时，在特定时代或特定地区，民间也把他们当成喜神。

民间年画中的和合二仙神像为僧状，为蓬头笑面神，一持荷花，一捧圆盒，意为"和（荷）谐合（盒）好"，常挂厅堂，增添喜庆。古代婚俗中，婚礼之日挂悬于花烛洞房之中，以图吉利。

和合二仙看似一幅普通的民间年画，然而他们不仅仅是婚姻神，也不仅仅是喜神，他们是一种精神境界，蕴藏着中国传统文化最博大精深的思想，含蓄地表现了中国人的思维方式和生活观念，形象化地昭示了中国人的行事方式和处世原则。

"和合"正是中国传统文化、中国古典哲学的精髓，它源于儒家学说的"中庸之道"，在漫长的中国历史上不断形成系统理论，并对中国后世的诸多思想理论起到了孵化和孕育作用，从"天人合一""大同""平等""博爱"的观念，到"世界和平""永不称霸"理念，再到当今"和谐社会"理论，都源于古老的"和合"思想。可以毫不夸张地说，"和合"思想是两千多年来中国人处世之道的法宝，是走向美好生活的精神灯塔。

唐代的和合仙

和合二仙在中国古代的传说很多，和合二仙的形象是在口口相传中不断完善完美的，不同时代有不同形象的和合二仙。

据记载，和合二仙最早出现在唐代，他当时不叫和合仙，而叫万回。关于万回的传说，有多个版本。

相传唐人有万回者，因为兄长远赴战场，戍安西，父母挂念而哭泣，遭其问讯，遂往战场探亲，朝赍所备往，夕返其家，日行万里有余，故

▶和合二仙·山东高密年画·明清

号万回。民间俗称"万回
哥哥"，以其象征家人之
和合。

另有一个传说，唐朝
时有个僧人，姓张，此人
生性痴愚，他有个哥哥在
边东当兵，久绝音讯，其
父母日夜涕泣想念，于是
他出门如飞，一日往返行
万里，并带回一封哥哥笔
迹的家书给父母，故被号
为"万回"。

▶喜神·江苏南通年画

▶喜神·云南玉溪纸马

张万回形状怪异，传说是菩萨转世，因犯错被佛祖贬到人间，唐高宗曾
把万回召入宫，武则天还送他锦袍玉带，他所说之事多有应验。

万回死后，宫廷、民间都奉祭他，认为此人能未卜先知，排解祸难，而
唐明皇亦封万回为圣僧。

唐代还有一个和合仙的传说，这就是月老的神话。传说他是主管婚姻之
神，据《续幽怪录》记载，唐韦固，少孤，旅次宋城，遇异人，倚囊坐，向
月检书。固问，答曰："天下之婚牍耳。"固问囊中何物，曰"赤绳子，以
系夫妇之足，虽仇敌之家，贫贱悬隔，天涯从宦，吴楚异乡，此绳一系，终
不可逭。"

这段记载是说唐代的韦固遇到一个高人，靠在背包上，对着月亮检索翻
书看。韦固问他看的什么书，高人回答说看的是"天下之婚牍"。

韦固又问他包中是什么东西？高人回答说："包中是红色的绳子，用来
系住夫妇的脚，无论何人，此绳一系就永远都解不开了。"

尽管月老与万回当时的身份地位不同，但他们的功能已经很接近了，所
以，有人把月老当成是和合二仙的始祖。

▶ 喜神·云南弥渡纸马

▶ 红鸾天喜·云南弥渡纸马

宋代的和合仙

▶ 红鸾天喜和合二仙·云南弥渡纸马

宋时盛行祀和合之神，相信能使万里之外的亲人回家团圆。宋代的和合仙仍是万回哥哥，其形象已基本成型。

据明田汝成《西湖游览志余》卷二三描述："宋时，杭城以腊月祀万回哥哥，其像蓬头笑面，身着绿衣，左手擎鼓，右手执棒，云是和合之神，祀之可使人万里外亦能回来，故曰万回。今其祀绝矣。"

此时，人们将万回视为"团圆之神"，称之为"和合"。

明代的和合二仙

明代民间传说，很久以前，华山的云台峰上，

▶ 红鸾天喜和合二仙·云南弥渡纸马

住着一位修道者，他带领两个徒弟专心致志地修道炼丹。为了找回药材，老师父每天一早，就背上背筐，拿着药锄，走出庙门，步遍峰、岭、沟、坡，寻找药材，直到日落西山时才回来。

一天，他正在山间挖药，忽然来了两个头结发髻，身穿红色肚兜的胖娃娃。这两个天真活泼、跳跳蹦蹦的娃娃一来，就帮着他寻找药苗。太阳西下，他要回家了，两个可爱的娃娃也就一跳一蹦地消失在密林里。后来天天如此。

为了弄清两个娃娃的来头，一天老道把备好的针线偷偷地别在他俩身上。第二天早晨，老道士朝

▶ 红鸾天喜和合二仙·云南弥渡纸马

着平时两个娃娃的去向，一路走去，寻觅到一条白线在风中微微飘动。可是细一看，除了几根异样的草苗，任何东西都没有。

他操起药锄，围着小苗四周挖起来。果然，在很深的土层中，挖出一根很粗的根茎。他顺手一拔，原来是一根白光细嫩的大黄芩。

▶ 红鸾天喜和合二仙·云南弥渡纸马

接着又挖出一根四肢齐全的大人参。他把人参和黄芩放在筐里，就往回走。

回到庙里，他特意从"玉井"中取来圣洁的玉液，然后把洗净的人参放在锅里煮起来。

第二天，他又要出去挖药，对两个徒弟说："这药要烧七天七夜，才能揭锅盖。我走后，只用文火烧炖就行。"两个徒弟按照师父的嘱咐用文火烧炖起来。

炖到第五天，两人都觉得有点蹊跷，于是，两人揭开锅盖，不看则已，一看是又惊又喜，炖了几天的人参，显得格外白胖，浮游在

▶ 月宫·云南通海纸马

锅里，肥嫩细腻，浓香扑鼻，两人把人参竟吃得干干净净。但他俩还是烧着空锅。

第七日那天，老道士只挖半天药，就匆匆回来了。揭开锅盖，一看，人参一点也没有了。老道士知道是两个"孽障"把它吃了，拾起捅火棍，劈头打来。

两个徒弟一见老师父真的动了气，撒腿就往庙门外跑，师父手里提着捅火棍撵，越跑越快。前面跑，后面撵，忽然一声巨响，眼看两个徒弟的身子，贴上了西峰北面的大石壁上。

从那时起，华山"水帘洞"旁的山石上，有了两个携手而站的人影，后人把它叫"和合二仙"。

▶ 月宫·云南巍山纸马

清代的和合二仙

由于"团圆之神"的名称为"和合"，清代的人认为和合应该是两位神灵的合称，于是当时的民俗学家开始寻找甄选两个合适的明星。就这样，唐代师僧寒山和拾得进入人们视野，清代雍正时，以寒山、拾得为和合二圣。

清代的和合二仙最初叫和合二圣，后来才称为二仙。经过长期的流传，和合亦辗转成了掌管婚姻的喜神。

关于寒山、拾得和合二圣的传说，比万回要多得多，笔者收集的就有十多个版本，下文对其中几个版本略作介绍。

▶ 寒山拾得和合二圣·江苏苏州寒山寺石刻拓片

传说一：两人共爱一女，知后舍女

民间传说中，寒山、拾得同居北方某远村，虽异姓而亲如弟兄。寒山年略长，与拾得共爱一女而寒山不知，临婚寒山始知，乃弃家去江南苏州何山枫桥，削发为僧，结庵修行。

拾得亦舍女往觅寒山。探知寒山住地，乃折一盛开荷花而前往礼之；寒山见拾得来，亦急持一盛斋饭之盒出迎。二人喜极，相向而舞。遂俱为僧，开山立庙曰寒山寺。

直到现在，寒山寺里还存着一块青石碑，碑上刻着兄弟俩的形象，上面写着寒山、拾得的名字。但是老百姓不识字，历代来只知道一个拿荷，一个拿盒，因此称之为和合二仙。

▶和合二仙·江苏桃花坞年画

清翟灏《通俗编》（无不宜斋本）卷十九"和合二圣"条云："今和合以二神并祀，而万回仅一人，不可以当之。国朝雍正十一年封天台寒山大士为和圣，拾得大士为合圣。"似寒山、拾得即和合二圣者。

后来，和合二圣又称二仙，如清李汝珍《镜花缘》第一回云："说话间，四灵大仙过去，只见福、禄、寿、财、喜五位星君，同著木公、老君、彭祖、张仙、月老、刘海蟾、和合二仙，也远远而来。"

《周礼·地宫·媒氏》疏云："使媒求妇，和合二姓。"这是"和合"的准确解释。

于是，在民间传说中，家人和合之神遂逐渐演变为婚姻和合之神，原作蓬头笑面擎鼓执棒之一神图像者，遂化身为一持荷、一捧盒之二图像。和合神亦改称为和合二圣或和合二仙。

传说二：诗僧怪僧和苦命儿

关于寒山、拾得，民间传说的版本中，其中一个传说中拾得叫拾德，此寒山和拾德亦都是僧人。

▶和仙·清·江西樟树年画
粉本·孤品

▶和合二仙·朱仙镇年画　　▶和合二仙·朱仙镇年画·清版　　▶和合二仙·朱仙镇年画·清版

　　寒山是个诗僧、怪僧，曾隐居在天台山寒岩，因名寒山。寒山的诗写得很美，而脾性又十分怪僻，常常跑到各寺庙中望空噪骂，和尚们都说他疯了，他便傻笑而去。他在国清寺曾当过厨僧，与寺中的拾德和尚一见如故，情同手足。

　　拾德是个苦命人，刚出世便被父母们遗弃，抛弃在荒郊，幸亏天台山的高僧丰干和尚化缘路过其处，他慈悲为怀，把他带至寺中抚养成人，并起名"拾德"。丰干和尚在天台山国清寺将拾德受戒为僧。拾德受戒后，被派至厨房干杂活。

　　当时寒山还没到国清寺，但拾德常将一些余羹剩菜送给未入寺的寒山吃，他俩可谓贫贱之交。国清寺的丰干和尚见他俩如此要好，便让寒山进寺和拾德一起当国清寺的厨僧，自此后，他俩朝夕相处，更加亲密无间。

　　寒山和拾德在佛学、文学上的造诣都很深，他俩常一起吟诗答对，后人曾将他们的诗汇编成《寒山子集》三卷。这两位继丰干以后的唐代高僧，于唐代贞观年间由天台山至苏州好利普明塔院任主持，此院遂改名为闻名中外的苏州寒山寺。

▶文殊菩萨·清·孤品·佛教传说中，寒山为文殊菩萨的化身

民间珍视他俩情同手足的情意，把他俩推崇为和睦友爱的民间爱神。至清代雍正皇帝正式封寒山为"和圣"，拾德为"合圣"，和合二仙从此名扬天下。

姑苏城外寒山寺是和合二仙"终成正果"之处，其间的寒拾殿中至今供奉着寒山拾德精美的木雕金身雕像。寒山寺大雄宅殿的后壁嵌有扬州八怪之一的大画家罗聘所绘的寒山拾德

传说三：东渡日本修建"拾得寺"

传说，拾得后来为了传道，东渡日本，在那里修了"拾得寺"。于是，"和合二仙"又成了中日人民友谊的象征，为两国人民所传颂。

▶ 文殊菩萨局部·清·孤品

传说四：文殊普贤菩萨化身

在佛教传说中，寒山为文殊菩萨的化身，与拾德（普贤）和师傅丰干（弥陀）并称为三圣。

和合二仙的《忍耐歌》

据传，和合二仙寒山、拾得还有一首《忍耐歌》：

寒山、拾得笑呵呵，我劝世人要像我。

忍一句，祸根从此无生处。

饶一着，切莫与人争强弱。

耐一时，火坑变作白莲池。

退一步，便是人间修行路。

▶ 和合二仙·山东平度年画·宗成云出品

▶和合二仙·山东平度年画·
宗成云出品

任他嗔，任他怒，只管宽心大着肚。

终日被人欺，神明天地知。若还存心忍，步步得便宜。

世人欺我害我打我骂我骗我，如何处之？

禅师答曰：

只管任他凭他远他莫要理他，再过几年看他。

身穿破衲袄，淡饭随时饱。涕唾在脸上，不弃自干了。

有人来骂我，我也只说好。有人来打我，我自先睡倒。

他也省气力，我也无烦恼。这个波罗蜜，就是无价宝。

能依这忍字，一生过到老。

还有一首《听天由命》：

听听听，堂前父母须当敬，兄弟同胞要一心，枕边谗言休要听。

天天天，天意与人无两般，为人莫做亏心事，举头三尺有青天。

由由由，也有欢喜也有愁，世间苦乐不均事，万物从天不自由。

命命命，五行八字皆前定，切莫算计他人有，富贵贫穷都是命。

安分守己。

安安安，夜间一宿日三餐，非干己事休招惹，身得安时梦也安。

分分分，今生衣禄前生定，休将巧计害他人，儿孙自有儿孙福。

守守守，命里有时终须有，莫恨贫苦怨爹娘，儿孙兄弟长相守。

己己己，别人闲事不要理，休言长短去笑人，何不将心谅自己。

▶和合二仙·山东潍县年画·
张殿英出品

有人怀疑《忍耐歌》是伪作，其实真伪都不重要，包括和合二仙的传说，很多部分也是虚构，并无真伪之别。

不过，在传说中，《忍耐歌》还有另外一个版本，寒山、拾得有两句重要的对话，与诗歌稍有出入：

寒山曾问拾得："世间有谤我欺我辱我笑我轻我贱我骗我如何处治乎？"

拾得答曰："只要忍他让他避他由他耐他敬他不要理他，再过几年你且看他！"

▶ 和合二仙·山东潍县年画·
张殿英出品

有时，《忍耐歌》和《听天由命》两首诗合为一首，似乎是表达懦弱胆怯，听天由命，不当出头鸟，自扫门前雪等消极观点，其实表述的是中国人的智慧，以退为进，以柔克刚，无为就是有为，由此可见中华高深莫测的文化底蕴和古典智慧。

这两首诗表达的思想，有些现代人或许不能理解。对此应辩证地看，两诗中既有精华，也有糟粕，当然，对精华要吸取，对糟粕要批判，既要有进取精神，也要有古典智慧，两者中求得平衡，方可获得喜神的保佑。

和合标领简单生活

和合二仙为何能流传千古，大致有如下四个方面的原因。

一是它表达了中国传统文化中平和淡定的中庸之道，二是它歌颂了美好纯真的友谊，三是表现了喜庆吉祥活泼生动的画面感，四是它标识倡导了一种简单生活方式的哲理。其中第四点对现代人最有价值。

古人日出而作，日落而息，生活简单而又轻松快乐。现代人科技发达了，一切都变得复杂起来，尽

▶ 和合二仙·四川绵竹
年画·清版

▶ 和合二仙·四川绵竹年画·李方福绘

管物质条件无比丰富，享乐的东西越来越多，但人们的快乐却越来越少。

古人的顶级的豪华奢侈享受不过是"一骑红尘妃子笑，无人知是荔枝来"。从千里之外快马加鞭送至长安的荔枝，只为杨贵妃品尝鲜美一笑开心。全国仅仅一人可以享受，而如今，无论千里之外还是万里之外的水果，通过飞机运送，数十分钟或数小时就能到达让你品鲜，比快马加鞭不知要快多少倍。

但如今再也没有"一骑红尘妃子笑"单纯的欢乐。为什么？因为每个城市都有荔枝卖了，人人皆能品尝荔枝了，都不足为奇了。

在竞争激烈的商业社会，无论有钱人还是少钱人，现代人都感到劳累、困惑、不满和郁闷。有趣的是，有钱人和少钱人都不满。少钱人不满尚可理解，而有钱人不满很多人就难以理解了。这其实把有钱人和穷人降到了同一生活水准，事实上往往有钱人过得比穷人还不如。为何，因为他们的钱越多欲望也越大，他们有了高级的物质享受，还想追求更高级的，却失去了古人那种对酒当歌的逍遥安闲。

现代人为了永不满足的生活目标而疲于奔命，得到了好的还想要更好的，一直朝着"更"字奔跑，正如有朋友玩笑说，大家都像一条狗，朝一根往坡下滚动的骨头奔跑，好不容易逮到了，原来也只不过是一块骨头。

有人统计过，当今一个时尚物质的更新速度，远远超过大部分人从追求到获得此物的速度。也就是说在追求这个事物的时候，它也许是最好的。而通过努力获

▶ 和合二仙·福建漳州年画·颜仕国出品

▶和合二仙·福建漳州年画·颜仕国出品

得此物时，它却被更好的事物所代替。所以人们总感到困惑，觉得自己付出了巨大的努力，获得的事物却不是自己想要的。这样不断地追赶，不断地失望，最终获得的只是空虚和郁闷。

物质的东西过于丰富，快乐反而少了，因为人们更容易为物质外表的光鲜亮丽所迷惑，人们趋之若鹜、费尽心机，过于追求外表，精神的东西被忽略，内心必定空泛。

古人是只取自己所需，和合二仙"夜间一宿日三餐，非干己事休招惹"，这是一种最简单的生活，然而正是简单的生活，让他们整天笑容可掬，快乐无比，因此他们"身得安时梦也安。"

和合二仙受到人们喜爱，是因为他们揭示了一个生活哲理：活得简单，才会有活的快乐；欲望过于强烈，会活得复杂，活得复杂，就会生出无限烦恼。

和合二仙昭示给现代人的是一种简单精神：远离贪婪，不要让自己成为欲望的奴隶，欲望不是本真的自我，精神的所需才是真我的需要。要做自己的主人，就要远离欲望，过简单的生活，简单的生活才是快乐的生活。

古代年画中，和合二仙除了是喜神，还演变成了"春招财子"的招财童子和"聚宝藏珠"的财神。最清贫的人成为财神，最无欲无求的人可以"日日进财"，这很有意思，表达了古人世俗生活的乐观主义，也表现了古人造神的简单理念和诙谐幽默感。

对此，我们应这样理解古人的造神智慧：无挂无碍就是最大的财富，简单快乐就是最大的财富，纯真友情就是最大的财富，"身穿破衲袄淡饭随时饱"的无欲无求就是最大的财富，"切莫算计他人有"的淡泊就是最大的财富，"天意与人无两般"的平和从容就是最大的财富。

这是精神的财富。精神的财富比物质的财富更为重要，即使生无分文，也可以是精神上的富翁。反之，即使家财万贯，而缺少和合二仙的精神，也不过是一贫如洗，因为精神上的赤贫儿才是真正的贫穷。这就是和合二仙留给我们

现代人的精神和智慧。

和合二仙图画古代留存下来的较多，有民间年画、民间剪纸、玉器、瓷器、铜像、木雕、石雕、漆画、砖刻、刺绣、文人画等。

和合二仙图画通常是两人手中一人执荷花，一人捧盒，盒盖稍微掀起，内有一群蝙蝠，从盒内飞出。"荷"与"和"、"盒"与"合"同音，荷花是并蒂莲的意思，盒子是象征"好合"的意思，而五只蝙蝠，则寓意着五福临门，大吉大利，皆取和谐好合之意。所以人们借此来祝贺新婚夫妇白头偕老，永结同心。

所谓"和"即和睦、和善，"合"即合作、合力，正如成化帝所说："以此同事事必成，以

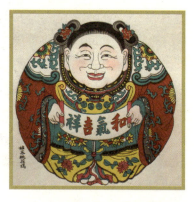

▶ 一团和气·江苏桃花坞年画

▶ 一团和气·山东潍县年画

此建功功必备。"

和合二仙的图画源自何处呢？很可能源自桃花坞年画的代表作《一团和气》。

据传说，《一团和气》是明代成化年的皇帝朱见深画的。画这幅画的起因在于他父亲。明正统十四年，朱见深之父英宗朱祁镇御驾亲

▶ 一团和气·湖南滩头年画

▶ 一团和气·江苏扬州年画

征，在土木堡大败，被元军俘获。数月后，明朝拥立朱祁镇的异母兄弟朱祁钰为天子（代宗），年号景泰。

景泰八年获释后的英宗朱祁镇夺位复辟，废代宗皇帝，捕杀于谦等大臣，制造了许多冤案，大伤了皇室感情，搞得朝野人心惶惶。

后来，他儿子朱见深即位后就大赦天下，为于谦等一批重臣平反。朱见深画此图是希望彼此能一团和气，昭示朝中上下、满朝文武"合三人以为一，达一心之无二"。

和合二仙图画正是继承和升华了《一团和气》的主题精神。多处年画产地出品有《一团和气》。如山东潍县年画中有《一团和气》，湖南滩头年画中有《一团和气》，江苏扬州年画中有《一团和气》。

和合二仙图有多种样式，还有一种是寒山持禾苗，拾得持诗谒，二人跌足大笑的情景，像在诗文唱和，宣传的是佛家"忍辱"和因果报应的思想，取吉祥和谐之意。

瓷器中也有不少和合二仙图，特别是明代中期以后，民间青花瓷器大量出现《和合二仙》图绘。如明如万历青花大盘，图中拾得捧圆盒，寒山扛"谷圭"，亦称"禾旌"，古时以玉制的谷草、粟纹扎成的瑞节，用以嫁女或和难（调解矛盾）。

清代的瓷器上曾见绘有一笑面和尚，旁边有一只喜鹊叼着一封书简的图案，是万回和尚，较为特别。

许多玉雕作品也生动表现了"和合二仙"亲密无间的深厚友谊，揭示了人间"和气生财、和合圆满"的吉祥主题。

和合二仙作为传统题材，在各个艺术领域都有表现，因为它美好的吉祥寓意而深得人们的喜爱。

▶和合二仙·广东佛山年画·冯锦棠出品

▶和合二仙·江苏桃花坞年画

文字是苍白的，而图像是多彩的。

文字是速朽的，而图像是永恒的。

对中国传统文化的研究，特别是对民俗文化的研究，一张代代相传的传统图像，其内涵往往大于一本文字的书；一张古代民间年画图，传递的信息往往比一篇洋洋大观的论文更丰富也更具有说服力。因为文字是从图像中来的，而我们现在看到的很多书和论文，却不是从图像中来，非常令人遗憾。如果没有图像，皮之不存，毛将焉附？

我们都没有看到过古人的生活场景，并不知道古人真实的生活画面，我们写中国传统文化的书，其实是冒有一定风险的。

古代没有照相机，但代代相传的民间年画、纸马、剪纸、水陆画等民俗图画，真实地记录了古人生活的状况，也透露出了古人的精神世界。这些年，笔者因爱好传统文化研究而收藏民间年画、纸马、剪纸、水陆画等民俗图画，由收藏民俗美术，不由自主地走进了中国文化大世界。可以说，每收藏一张年画，都要对一个文化符号和民俗事象进行探究，因为每一张民间绘画，都涉及中国文化中的一个或诸多方面。

收藏伴随研究，收藏必须研究，一边收藏，一边研究，一边写作，这似乎成了一种无尽的循环，或一种宿命。民间年画和民俗图案藏品与日俱增，传统文化知识日积月累，自然而然地写出了这套通过民间图像演绎和破解中国文化的丛书。

文化是玩出来的，我们说玉文化是中华文化的基石，其实玉文化最初就是体现人类玩性的文化，是古人为了让玉变得更漂亮更好玩，让自己因玉的装饰变得更美，而打磨、穿孔、造型、刻画纹饰。在美化玉的过程中，古人的玩性大放异彩，最终形成了我们今天所说的灿烂辉煌的玉文化。

文化是世界的色彩，特别是民俗文化，是装饰世界的红花和绿叶。古人

活得有声有色，不是因为古人铁马金戈干了多少惊天动地的大事，而是因为文化和民俗让古人活得有声有色。古人暇伴诗书通世晓，闲看花鸟会天机；古人逍遥山水，天人合一，植物寄情，动物寓意；古人节庆狂欢，讲吉祥的话儿；古人拜神祈祷，烧纸马贴年画，皆为无益之事；古人"不为无益之事，何以遣有涯之生"。

无益之事演化为目不暇接的缤纷民俗，汇集成为民俗文化，好玩多趣，让古人活得潇洒适意，风姿绰约。

现代人与古人的区别就在于，现代人皆为有益之事，没有价值的事情不屑于为。所以，越是现代化，我们离传统文化越远；离传统文化越远，我们离好玩也就越远。从这个角度看，人类的创造和物质财富，对人生都毫无意义，因为社会越是进步，离人的本性就越远，高科技越发达，人间温馨和民俗意向就越是递减。所谓程序化，就是让一切都变得冷冰冰，只剩下枯燥乏味的数字。当一切都数字化的时候，就是人类自陷囹圄的时候。

古典文化和民俗文化的逐渐消逝伴随着现代化的进程不可避免。现代化是开拓进取的，是竞争的，是外向的；而古典文化和民俗文化是固守传统的，是和合的，是内向的。传统与现代的矛盾冲突中，如果在两条背离线间找不到适度融合点，精神和物欲的撕扯导致的将不仅是古典文化和民俗文化的毁灭，也将是人类精神的崩溃。

所以，古典文化的固守和发展流变在现代化进程中的当代尤其重要。对古典文化和民俗文化的解读离不开古代民俗图案。这些年来，笔者利用黄金周和休假，走遍了全国各个省市进行田野考察，徒步于深山老林，穷乡僻壤，险境恶水，田野阡陌，找到中国古代30多个民间年画产地（其中很多产地年画已经消失，一息尚存的也都面临濒危状况），寻访民间艺人，寻找民间年画和民俗美术品，以日记的方式描述了寻找之旅的过程，记录了中国民间年画各个产地的现状，考证其历史源流，写作出版了《寻找逝去的年画》丛书30本及《寻找逝去的纸马》，此外还出版了《中国民俗文化》丛书11本、《品年画读经典》丛书4本、《中国民间年画诸神文化》丛书6本等。

对民间年画、剪纸、水陆画等民俗图寻找的过程，就是探访中华古典文化的过程，是考证中国民俗文化的过程，是破解中国文化密码的过程，因为每一张正在飘逝的民间年画，都是民俗文化图像，是一个文化密码，一个隐喻。可以说，这套民俗文化丛书，是用脚写出来的。

　　愿这些五彩的图像，带给您行走的风景，让您感受到中国古典文化和民俗文化流变中的多彩多姿。

沈　泓

2012年3月21日于东悦名轩